A DAMA, SEU AMADO E SEU SENHOR

T.D. JAKES

A DAMA, SEU AMADO E SEU SENHOR

AS TRÊS DIMENSÕES DO AMOR FEMININO

Traduzido por NEYD SIQUEIRA

Copyright @ 1998 por T. D. Jakes
Publicado originalmente por G. P. Putnam's Sons, New York, EUA.

Os textos das referências bíblicas foram extraídos da versão Almeida Revista e Atualizada, 2ª ed. (Sociedade Bíblica do Brasil), salvo indicação específica.

É expressamente proibida a reprodução total ou parcial deste livro, por quaisquer meios (eletrônicos, mecânicos, fotográficos, gravação e outros), sem prévia autorização, por escrito, da editora.

Dados Internacionais de Catalogação na Publicação (CIP)
(Câmara Brasileira do Livro, SP, Brasil)

Jakes, T. D. –
A Dama, seu amado e seu Senhor / T. D. Jakes; traduzido por Neyd Siqueira – São Paulo: Mundo Cristão, 1999.

Título original: The Lady, Her Lover, And Her Lord.

1. Casamento – Aspectos religiosos – Cristianismo
2. Mulheres – Conduta de vida
3. Mulheres – Vida religiosa I. Título.

99-2851   CDD-248.843

Índice para catálogo sistemático:
1. Mulheres: Prática religiosa: Cristianismo 248.843
Categoria: Comportamento/Família

Publicado no Brasil com todos os direitos reservados pela:
Associação Religiosa Editora Mundo Cristão
Rua Antonio Carlos Tacconi, 69 – São Paulo – SP – Brasil – CEP 04810-020
Telefone: (11) 2127-4147
www.mundocristao.com.br

1ª edição: julho de 1999
1ª edição (nova capa): junho de 2018
16ª reimpressão: 2025

Sumário

Agradecimentos	7
Introdução	9

Parte 1: A dama

1.	Amando a si mesma	16
2.	Passos femininos apressados!	28
3.	A menina interior deformada faz sofrer a dama	35
4.	Graça para ser uma dama e força para resistir	55
5.	Uma mulher equilibrada	71
6.	A dama: um jardim particular	82

Parte 2: Seu amado

7.	Abraçando outra pessoa	98
8.	Os lençóis de cetim escorregam	110
9.	Conversa com o travesseiro	123
10.	Faça com que ele se sinta suficientemente seguro para amá-la	131
11.	Mulher virtuosa quem a achará?	145

Parte 3: Seu Senhor

12.	Abraçando o Senhor	156
13.	Senhor do seu passado	171
14.	Servindo ao Senhor e ganhando dinheiro	184
15.	Deito-me agora para dormir	199
16.	Avançando para amanhã	215

À minha esposa – quanta alegria observá-la à medida que se foi desenvolvendo. Os anos pintaram graça em seu rosto, força em seus olhos e uma elegância indiscutível em seu andar. Você é mais bela hoje do que nunca antes. Quando nos casamos, eu não sabia o que estava adquirindo em minha vida de princesa núbia vestida de renda, coberta de pérolas. A melhor decisão que já fiz foi casar-me com você.

Procuro andar sempre com Deus. Ele me ajuda a melhorar. Está fazendo de mim um bom marido e pai. Quão proveitoso ter sido especialmente moldado e destinado a você. O molde é perfeito, mas as falhas do material são muitas. Não obstante, fui ungido para ser seu companheiro e andarei a seu lado onde quer que vá e quando quiser ir.

Sou grato por ter em você uma amiga e amante, e por mostrar-me o Senhor em sua infinita insistência de que tudo posso. Nunca duvide de que você é o forte sopro de vento que sinto ao estender minhas asas. Por sua causa, creio que posso voar!

Agradecimentos

PESSOAS MARAVILHOSAS contribuíram de vários modos para as minhas experiências ao escrever este livro.

Agradeço a minha família, que compartilhou generosamente comigo este manuscrito. Sempre apreciarei seu amor e apoio. Quero agradecer também a minha família da igreja pela compaixão e pelo encorajamento recebidos.

Agradeço a Denise Stinson, minha agente literária, a Tom Winters, meu advogado, e a Kenneth Dupree, que me ajudaram a coordenar este projeto — seus esforços e sua visão causaram impacto significativo sobre este livro e, consequentemente, sobre a minha vida. Seus votos de confiança me animaram e me desafiaram a investigar cada vez mais profundamente a oração.

Irene Prokop, embora nunca tivéssemos chegado a nos conhecer, seu apoio e tenacidade serviram para dar o pontapé inicial na bola.

Obrigado, Joel Fotinos, pelo seu entusiasmo e por apresentar-me à família Putnam.

Todos deveriam ter uma editora como Denise Silvestro, que não me deixa com histórias de horror para contar.

Que English, suas horas incontáveis de digitação acrescentaram elegância ao meu estilo bastante rude. Seu trabalho teve grande valor.

Agradeço também a *A. Larry Ross and Associates*, que ajudaram a programar minha agenda e protegeram meus interesses de várias formas.

Natalie Cole, as suas bondosas palavras de alento significaram muitíssimo para a composição deste livro.

Agradeço finalmente a todo o pessoal da Putnam. Vocês trataram a mim e a meu trabalho com grande dignidade e integridade. Minha gratidão a Nanscy Neiman, Susan Petersen, Marilyn Ducksworth, Dan Harvey, Dick Heffernan, e todos da *JMS Marketing Sales, Inc.*

Introdução

QUANDO CONSIDERAMOS QUE A MÃE é quem geralmente estabelece a atmosfera do lar, vemos que é imperativo que toda mulher reconheça e cultive os dons singulares que lhe são naturais — a postura calma de um coração espiritualmente enriquecido, uma confiança tranquila e a capacidade para influenciar de modo bondoso aqueles a quem ama. Seu marido, seus filhos e até sua carreira serão afetados pela sua capacidade de transmitir o que tem de melhor àqueles a quem influencia.

Vejo-me então desafiado a descobrir alguma verdade paralela que me ajude a descrever a necessidade crucial de cada mulher encontrar equilíbrio na vida e contentamento no coração. A que irei comparar a necessidade de cada uma delas descobrir uma vida centralizada e não distorcida ou desfocada? A música talvez seja uma metáfora adequada, que vai penetrar o coração e afetar o espírito daquelas mulheres que carecem desesperadamente desta informação.

Os homens amados por essas mulheres vão igualmente beneficiar-se dessas palavras, pois é dever de todo homem ajudar sua companheira a alcançar grandeza.

Quase todos gostam de um tipo ou outro de música. Ouvimos e apreciamos o gorjear dos pássaros e o cricrilar dos grilos. Ligamos o rádio e escutamos. A música parece distrair-nos do caminho árduo que seguimos, trazendo-nos uma sensação de bem-estar.

A música consiste em notas individuais reunidas com o propósito de produzir sons harmoniosos. Se as notas forem discordantes, não passam de simples ruídos. Só quando se expressam harmoniosamente é que nossa alma descansa na tranquilidade dos sons acariciantes.

A vida assemelha-se muito à música. A arte de viver é orquestrar e organizar nossa vida de modo que todos os diferentes acontecimentos e exigências possam ser produzidos sem entrar em rota de colisão uns com os outros, produzindo ruído. É isso que todos querem conseguir.

Orquestra alguma, porém, pode produzir harmonia em meio à diversidade de seus instrumentos, se não houver um maestro para cuidar do tempo e da estrutura. O Senhor é o regente que orquestra os acontecimentos que tendem a criar o ruído do estresse em todos nós. Sem ele, a vida mais parece uma banda escolar preparando-se para iniciar o desfile!

O Senhor traz calma e ordem a um mundo caótico. A tranquilidade do contentamento é o clímax da existência. Não importa se você seja rico ou pobre, se puder alcançar contentamento e harmonia interiores, estará tão ou mais satisfeito do que a pessoa mais rica do mundo.

Tome então um momento para respirar fundo, exalando todo o estresse que ingeriu e vamos falar sobre como transformar o ruído de sua vida na música que anseia ouvir.

São três as áreas que queremos que façam parte da tonalidade perfeita da harmonia interior. A mulher possui três relacionamentos que devem ser equilibrados, a fim de haja pelo menos uma aparência de realização. A primeira é a sua relação consigo mesma, pois este é um precursor necessário para qualquer outro relacionamento da vida.

Quando a mulher não possui uma relação sólida consigo mesma, irá procurar ansiosamente relacionamentos externos na tentativa de obter paz interior. Tentará amar outros na ânsia desesperada de encontrar neles o que deve descobrir em seu íntimo.

Essa busca será inútil e é o câncer que mata a maioria dos casamentos. Ela fará coisas certas pelos motivos errados e lutará com a decepção que brota de esperar que alguém lhe dê aquilo que ela mesma deve dar-se.

A mulher não conseguirá manter relacionamentos sadios com outros porque o peso de extrair deles coisas que deveria obter de si mesma logo se torna pesado demais para qualquer outra pessoa carregar.

O homem então sente culpa por sua incapacidade de satisfazer o que é uma necessidade insaciável. Ele recua e se esconde em seu trabalho, em seus excessos. Pode até ser tristemente levado à infidelidade, já que as expectativas da outra mulher podem ser controladas com a desculpa de ser casado!

O casamento é uma relação sagrada. É a segunda em importância na vida da mulher. Ela não precisa ser necessariamente casada para ser feliz; mas existem poucas coisas tão satisfatórias como o doce néctar do verdadeiro amor conjugal e o compartilhar da sua vida com um parceiro que a valorize e respeite.

No entanto, a mulher que não se ama fica tão sedenta de amor que corre para ele despreparada e um tanto vulnerável. Ela irá sempre amar depressa demais, ser demasiado possessiva e, na maioria das vezes, perderá rapidamente aquele que desejou segurar. Prende-se a cada palavra dele, como uma criança que tenta agarrar a areia da praia. Ela o segura firmemente; mas, ao abrir a mão, descobre que ele escorregou pelos seus dedos sem sequer saber o motivo da sua partida.

Há, porém, boas notícias. Existe cura para a mulher compulsiva que ama depressa demais e depois sofre durante anos por causa das escolhas erradas e da gratificação que lhe foi negada.

Quando a mulher se relaciona bem consigo mesma e tem um nível elevado de autoestima, pode então compartilhar facilmente sua vida com outra pessoa. Não tenderá a ser amarga, defensiva nem descontrolada, porque tem um ritmo calmo que a mantém sincronizada com os seus alvos e em harmonia com os que a rodeiam.

Sua vida se torna uma linha melódica cativante e agradável aos ouvidos do homem. Quando ele a vê, quer harmonizar-se com ela. Se ela aceitar, farão então um dueto com equilíbrio e propósito. Se recusar, fará então um solo, perfeito e eficaz mesmo que sozinha.

Se for casada, essa mulher levará à cama do marido as pétalas macias de uma rosa livre de espinhos. Ele não se espetará ao amá-la. Se não mantiver um relacionamento com um homem, agora ela será capaz de escolher um companheiro cujo ritmo se harmonize com o seu.

Ela aproveitou bem o tempo que passou sozinha e se dedicou à tarefa de estudar sua própria individualidade para saber melhor que tipo de homem irá adequar-se ao seu estilo de amor.

Existe ainda um terceiro relacionamento que os já mencionados não podem substituir. É a base do triângulo. Muitas alcançaram grande sucesso em todas as outras áreas, mas acabaram descobrindo, para sua surpresa, que faltava algo. O que falta é a necessidade de uma relação com o Senhor. Ele supre a força espiritual que ancora a alma e se torna o fundamento sobre o qual tudo o mais pode apoiar-se.

A força íntima e a tenacidade brotam da fonte da oração pessoal. Não estou falando de fugir para um convento e vestir um hábito. Nem me refiro ao fanatismo, usado muitas vezes como cortina de fumaça para ocultar a frustração em outros setores. No entanto, o pêndulo só se move quando ligado e firmado em algo imóvel.

Embora as pessoas mudem e você também mude, é agradável estar ligada a algo imutável. Lance a sua âncora no Senhor.

Porque eu, o Senhor, não mudo.

Malaquias 3.6

Nas páginas seguintes, iremos examinar as várias necessidades e funções desses três relacionamentos. Espero que, em meio a essa informação geral, você encontre alguns elementos que a beneficiem e, mais importante, reserve tempo para estudar seu comportamento, a fim de pôr em prática os elementos necessários para o seu equilíbrio.

Não basta sentir-se mulher. Este livro foi escrito para que você se sinta como uma dama. Quando a mulher tem a sensação de ser uma dama e é capaz de enaltecer-se, atrairá para a sua vida pessoas que irão refletir a opinião que ela tem de si mesma.

Há momentos em que até a mulher mais forte pode apreciar o apoio de um homem que se sinta bem consigo mesmo e que possa ser a âncora dela durante as tempestades da vida. Ele será a mão carinhosa que tocará suas costas, dando-lhe estabilidade para prosseguir. Ele lhe dará um sentimento de amor sólido enquanto ela estiver enfrentando as várias épocas e fases da vida. Dará alívio a seu corpo, música a sua mente e um sopro de vento a seu espírito que a fará voar.

Quando a dama está amando alguém, seus olhos brilham, seu sorriso é alegre e sua voz é calma e apaixonada. Com o amado junto a si, seu coração fica em paz, pois ela se sente segura e pode fechar os olhos e descansar a cabeça em seu ombro.

Na calada da noite, porém, quando ela adormece e os problemas continuam a perturbá-la, é o Senhor que trabalha no turno da noite e a vigia no escuro. É com ele que ela pode conversar quando suas palavras não conseguem descrever o que está sentindo. O marido talvez entenda o que ela diz, mas o Senhor compreende os seus sentimentos.

Há coisas que uma dama só pode receber de si mesma. Há outras que são resultados direto de um braço amigo ao redor de seus ombros numa noite fria. Mas, quando as mãos humanas falham, resta sempre a força dos braços eternos de Deus.

Vamos examinar como toda mulher pode ter uma vida equilibrada e obter sucesso em cada uma dessas importantes áreas. Iremos compartilhar francamente o que é necessário para manter a identidade dela, a atenção dele e o favor do Senhor. Por que contentar-se com apenas dois lados de um triângulo, quando você pode tê-lo por inteiro?

A dama, seu amado e seu Senhor: que essas três notas se unam harmoniosamente em sua vida, pois é a mais doce canção que vai ouvir.

PARTE 1

A dama

1
Amando a si mesma

AMOR – QUE PALAVRA! É um vocábulo curto com apenas quatro letras, mas repleto de todos os sentimentos que se possam imaginar. Os gregos possuem várias palavras para descrever o conceito multifacetado do amor. Eles distinguem o amor tipo ágape do amor *philia*. Ágape descreve o amor divino, enquanto *philia* descreve o afeto entre irmãos e compartilhado entre os seres humanos. Para descrever o amor íntimo entre o homem e sua mulher, eles empregam a palavra *eros* — da qual obtivemos erótico.

Amor... que sentimento difícil de ser descrito com exatidão. Ainda que tentássemos usar muitas palavras para descrevê-lo, não conseguiríamos. Imagine, então, descrevê-lo em uma única palavra, que significa coisas diferentes para pessoas diferentes. Isso resulta em falharmos com frequência ao descrever a variedade ou a intensidade do impacto inebriante do sentimento de amor.

O amor é para a vida o que o perfume é para a rosa. É o tempero da vida, embelezando-a como as nuvens embelezam o céu. Muitas mulheres provaram o néctar do romance. Muitos homens se entregaram à influência da lembrança de um momento especial compartilhado com aquele alguém especial. Até os idosos rejuvenescem aquecidos pelas demonstrações de afeto e carinho.

Desde o balbuciar alegre de um bebê satisfeito até o calmo respirar de uma avó idosa, nota-se a necessidade constante e a apreciação de sentimentos afetuosos que influenciam o que é comum e transformam o que é medíocre.

O amor é realmente o elixir mágico da alma. É um denominador comum, algo que todos necessitamos sem considerar nossas diversas perspectivas ou as vicissitudes da vida. Quer o amor seja comunicado mediante um toque suave ou um olhar úmido, é da mensagem que necessitamos. O método é imaterial em comparação com a magnitude da mensagem em si.

Não há medicamento que possa comparar-se com os sentimentos intensos, apaixonados, que ardem quando o coração está amando. É o amor que faz os sentidos se aguçarem. É o amor que leva o coração a bombear mel para a alma e que tranquiliza a mente. O sabor suave do favo satisfaz os anseios da alma. Sem o amor, a vida perde o gosto, e o sucesso é vazio.

O que pode comparar-se ao amor? Ele mantém vivo o homem doente e faz adoecer o indivíduo sadio. É o amor que nos dá coragem, e é também o amor que nos torna medrosos. Ele enfraquece os fortes e fortalece os frágeis. É o sentimento mais inebriante que se possa ter. Se dado aos que o merecem, é correspondido e frutífero. Quando investido em um oportunista vazio, pode criar um sofrimento que machuca a alma e aflige a mente.

Por meio dele, a pessoa comum pode parecer extraordinária. Foi o amor que levou Cristo à morte, e ainda esse mesmo amor o fez ressurgir da sepultura.

Todos queremos sem dúvida experimentar o amor; mas é preciso fazer primeiro esta pergunta: Amamos os outros; ou amamos a ideia de amar? Muitas são as mulheres — e também homens —, que se voltaram para os braços de alguém procurando a segurança que deve vir afinal do próprio íntimo. Quão amargos se tornam quando buscam ao seu redor aquilo que devem encontrar dentro de si mesmos. Fazem recair sobre os relacionamentos um peso indevido, mantendo os parceiros num estado de culpa perpétuo. Tais pessoas culpam o parceiro por não lhes dar apoio.

Na verdade, o que esses homens e mulheres querem dizer é que seus parceiros não lhes dão aquilo que esperavam. A pergunta mais importante deve ser feita: É justo esperar que alguém carregue a maior parte do peso de uma vida cheia de sofrimento e sem propósito? Quem pode restaurar o que a vida lhe tirou, senão Deus? Quem pode lembrá-lo do que Deus lhe prometeu, senão você? Você é o seu próprio pregador e às vezes deve fazer-se o tipo de sermão que o capacite a ser produtivo e talentoso.

Os tipos de amor são muitos. Mas aquele com o qual devemos começar é a tentadora sedução do coração apaixonado que nos permite amar a outros. Essa paixão deve ter início no lar antes de conduzir-se para fora dele. A maior das percepções humanas ocorre quando o coração pode olhar-se no espelho e sorrir para a imagem refletida. É a graça que nos capacita a piscar para nós mesmos e apreciar nossos dons. A mente sadia pode saudar a si mesma. Então, e só então, podemos determinar se estamos amando a outros porque são dignos de amor ou porque estamos tão famintos de amor que aceitaremos qualquer pessoa ou coisa que nos dê aquilo que deveríamos dar a nós mesmos.

Cante uma canção, dê um passeio e reflita sobre as suas realizações. Momentos tranquilos a sós permitem que examinemos até que ponto estamos comprometidos com o nosso sentimento de bem-estar e firmeza. Você deve motiva-se e desafiar-se. A paixão de prosseguir é importante demais para ser deixada ao acaso, mas é perigoso permitir que essa necessidade se torne tão grande e desesperada que só possa encontrar satisfação nos atos de outra pessoa. Precisamos ser automotivados para sobreviver.

Uma das coisas mais difíceis de alcançar talvez seja a capacidade de automotivar-nos. Nossa motivação quase sempre vem de servir aos outros. Em geral sacrificamos nossos interesses e vivemos para os outros e para as suas causas, deixando as nossas necessidades e presença em plano secundário. É de lamentar que às vezes nos coloquemos tão distantes, no bico de gás traseiro, em que os sonhos se derramam e deixam apenas uma panela queimada onde antes tínhamos uma expectativa pessoal.

Quando os sonhos se derramam, um calor escaldante de estresse e ansiedade faz a chaleira apitar estridentemente antes de pegar fogo. Esse som agudo pode ser ouvido em nossos excessos e complacências, que ocultam o fato de que estamos frustrados com os sonhos negados e as esperanças que parecem adiadas.

Os comportamentos destrutivos e compulsivos poderiam ser todos evitados se apenas, com paciência e perseverança, tomássemos a vida em pequenas doses e nos permitíssemos o privilégio de marcar uma entrevista com a nossa própria atenção, como clientes que temos de receber antes que o dia termine. Em resumo, reserve tempo para você mesma. Ouça o silvar do fogo antes que este se alastre!

Foi dito que o amor é algo esplendoroso. Se isso for verdade, então um desses esplendores deveria ser dirigido para o íntimo. Embora demos valor aos outros, devemos também tomar tempo para afirmar carinhosamente nosso autodesenvolvimento e nossa posição como pessoas. Devemos saber que o amor não é um acessório opcional que podemos excluir da vida a nosso bel-prazer. Ele resume as experiências humanas e celebra tudo o que apreciamos, distinguindo-nos das formas inferiores de vida, cuja presença é monitorada unicamente pelo tempo.

Nossa vida não é uma simples coleção de dias e meses. Somos conhecedores do belíssimo projeto arquitetônico da vida, do amor e da troca de energia humana. Somos movidos e motivados pela vibrante sinergia que brota da paixão das experiências e do fino néctar dos momentos compartilhados.

O verdadeiro desafio de todos nós é encontrar um ponto de equilíbrio entre o martírio e o narcisismo. A arte de evitar os extremos é delineada na tela da maturidade e pintada com as pinceladas abstratas de inúmeras experiências. O equilíbrio é tão vital para você como para o profissional que faz um voo no trapézio.

Não devemos nos autoconsumir, mas compreender que existe algo entre o egoísmo e a negação de si mesmo. Não se trata de um clangor de clarim nos convocando para sermos egocêntricos e egoístas, mas de um clamor para equilibrar o coração das mulheres que permitiram que os problemas alheios se tornassem mais importantes do que os seus. Um clamor para reconhecer seus pontos fortes antes de se tornarem perpétuos líderes de torcida para outros e nunca para si mesmas.

Esse problema não é só feminino. Na verdade, é um problema humano. No entanto, o instinto maternal das mulheres aumenta a suscetibilidade delas com respeito a essa questão. Os instintos maternais funcionam bem com uma criança, mas é bom não tentar experimentá-los num homem. Eles são perigosos quando combinados com o preconceito social que tende a colocar as mulheres em papéis de subserviência. Fazem dela uma excelente candidata ao martírio por qualquer causa, menos a sua própria.

Quando isto acontece, geralmente o leite da compaixão da mulher empedra no seio e faz doer o coração. Não havia nada de errado com o leite. Ele foi apenas investido em algo ou alguém que não merecia. Não há nada pior do que dar a coisa certa à pessoa errada.

Grande número de mulheres tem dificuldade de gostar de si mesmas porque a sociedade as pressiona para serem completamente abnegadas. Qualquer tentativa de cultivar e amar a si mesmas é condenada, provocando acusações de egoísmo e narcisismo, de não serem esposas ou mães adequadas, ou até mulheres adequadas.

Mulher alguma deseja esses rótulos e muitas obedecem — dando, dando, dando — e jamais apreciando a si mesmas. Jamais compreendendo que, para realmente dar, você deve primeiro apreciar os dons que possui. Lamentavelmente, a vida de certas mulheres se torna tão fútil como a de uma criança que tenta colocar o oceano inteiro em seu balde de areia. Não importa quanto se dedique a sua tarefa, esforço nenhum é suficiente.

Não é fácil vencer essa pressão. Até as pessoas mais liberadas são atingidas de maneira negativa pela pressão da opinião pública. Resistir à opinião de outros é, na melhor das hipóteses, estressante e, na pior, debilitante. Quantos de nós somos mutilados pelas massas de pessoas que não nos permitem a liberdade de nossas próprias opiniões e a exploração de nossa própria personalidade.

Todos temos a tendência de refletir a opinião de outros. Se alguém diz que sua aparência é horrível num determinado vestido, não é verdade que vai usá-lo com relutância da próxima vez? Embora afirmemos que não levamos em conta o que os outros dizem, somos todos vulneráveis até certo ponto às palavras e ideias deles. Mas, se quisermos ser indivíduos aptos, devemos desenvolver a habilidade de abraçar a nós mesmos. A autoimagem positiva não é arrogante. Ela é necessária para procurar um relacionamento sadio com outros.

As pessoas com baixa autoestima são obsessivas demais para poder apreciar alguém. Elas se agarram aos outros como uma trepadeira ao muro. Precisam de outros para ficar de pé, e essa necessidade é compulsiva e extenuante.

Torna-se praticamente impossível encontrar alguém que a aprecie como pessoa se você não permitir que a vejam como uma força estabelecida e estabilizada na terra. É preciso que a ouçam cantar a sua própria canção. Devem ouvir o seu solo. Cante a melodia de sucesso e todos desejarão acompanhar essa música. Certifique-se, porém, de que só participem aqueles que se harmonizem com a sua autoimagem. Você na verdade treina outros para tratá-la conforme a sua maneira de se tratar.

Não pense nem um momento que os outros não observam o seu nível de estilo, classe e preferências. Todos nós, ao fazer compras, tivemos de lidar com o fato de que a pessoa para quem compramos iria ou não adquirir determinado item. Você quer comprar algo que pelo menos se compare com o que essa pessoa escolheria. Quem ousaria dar uma bolsa barata para quem usa roupas caras? Quem se sentiria bem ao dar um presente que se destacasse como um item abaixo do padrão normal entre os pertences dessa pessoa? Ao agir com bondade com o "eu", essa pessoa estabeleceu um padrão que todos devemos pretender alcançar se quisermos ser uma bênção para esse indivíduo.

Olhe, mamãe, nada de mãos

Não nascemos em relacionamentos. Quem dentre nós nasceu segurando firmemente a mão de outra pessoa? Entramos na vida com as duas mãos para o alto e os punhos bem fechados. Nascemos de mãos vazias. Não há mãos para segurar, além das nossas. Aprendemos a estender-nos, mas só depois de termos tido oportunidade de estender-nos para dentro e para cima. É o esticar do espírito para o alto e o estender-se da alma para dentro que capacita o estender-se para fora do corpo.

A maioria de nós nasceu único, tendo permanecido sozinho desde o útero até o berço. Brincamos sozinhos no berço. Aprendemos as habilidades fundamentais de nos entreter. Sozinhos começamos e essencialmente terminamos. Pois mesmo que venhamos a morrer numa sala cheia de gente, na verdade morremos sozinhos.

Jó disse que viemos nus, e nus retomaremos. Ele tem razão. Damos uma volta completa. Não levamos conosco mais do que trouxemos. Não trouxemos ninguém ao mundo em nossa companhia e embora possamos segurar as mãos de alguém ao morrer, mesmo assim enfrentaremos sozinhos a morte. Na melhor das hipóteses, somos viajantes de mãos vazias. Começamos com elas fechadas e acabamos também assim.

Entre esses dois pontos, nossas mãos irão segurar muitas coisas. Mas no final, como aconteceu no começo, serão abertas, e mão alguma será achada dentro delas, apenas as nossas.

Nada é mais básico para o bem-estar espiritual e emocional do que aquilo que consideramos agora. Saiba então que existem alguns pré-requisitos para um relacionamento sadio de amor. Não podemos amar mais aos outros do que amamos a nós mesmos. Nossa tendência é buscar nos outros o tipo de amor e afirmação que deve vir de nosso íntimo. À medida que nos adiantarmos, iremos discutir a relação que a mulher tem consigo mesma, depois com o marido e amante, e finalmente com o Senhor.

Se o relacionamento dela com o Senhor e consigo mesma não for fortalecido, ela irá relacionar-se com um homem pelas razões erradas. Desejará dele aquelas qualidades que só podem ser extraídas de uma autoimagem positiva e uma percepção clara do seu Deus. Mais adiante discutirei detalhadamente a importância de ter uma vida centrada em Deus. No momento, porém, vamos considerar o que pode ser alcançado pela mulher que conhece e ama a si mesma.

Esta noite então, cara amiga, ponha a mesa para um comensal e sente-se diante de você mesma. Beba o vinho forte de seus próprios pensamentos e ria às gargalhadas com alguma lembrança humorística que não pode compartilhar com ninguém senão com você mesma. Será que antes da noite terminar você se achará aquecida pelo fogo de seus próprios sonhos e talvez sussurrando muito baixinho a confissão de que pela graça de Deus aprendeu finalmente a gostar da sua própria companhia?

Será que o fato de estar só não necessariamente significa que se sente solitária? Você já se divertiu alguma vez? Ou está guardando todas as suas habilidades sociais para alguém que não está presente? Se estiver, essa declaração dá a entender que você não é suficientemente importante para exigir seu próprio respeito. Esse é um ponto perigoso para começar a vida. Se não puder valorizar a sua própria existência e presença, acabará tendo problemas em relacionar-se com os outros.

A maioria das pessoas não gasta tempo divertindo-se. Elas nunca planejam uma noite para si. Suportam o tempo que passam sozinhas como se tivessem sido enviadas para a solitária. Mas é a mulher solteira que tem tempo para desenvolver a verdadeira espiritualidade. Ela não precisa preocupar-se com filhos ou marido. Tem tempo para fortalecer-se em vários e diferentes níveis. Tem tempo para melhorar suas finanças, sua espiritualidade e sua personalidade. Cada área precisa ser fortalecida a fim de que possa discernir claramente se está amando ou apenas carente quando chegarem as propostas.

> Também a mulher, tanto a viúva como a virgem, cuida das coisas do Senhor, para ser santa, assim no corpo como no espírito; a que se casou, porém, se preocupa com as coisas do mundo, de como agradar ao marido. Digo isto em favor dos vossos próprios interesses; não que eu pretenda enredar-vos, mas somente para o que é decoroso e vos facilite o consagrar-vos, desimpedidamente, ao Senhor.
>
> 1Coríntios 7.34-35

Estou portanto sugerindo que você tenha primeiro um relacionamento com Deus, depois com você mesma e, finalmente, entre os múltiplos frutos de sua habitação, então você estará preparada para compartilhar com outra pessoa o que determinou ser digno de colocar na mesa do amor.

As primeiras coisas em primeiro lugar, Deus é um Deus de ordem. Ele criou Adão sozinho e depois lhe deu uma companheira. Adão teve tempo com Deus e consigo mesmo antes de passar tempo com sua bela esposa. Se Deus decidiu dar a você um tempo de comunhão com ele, goze desse sábado e o receba como uma oportunidade para saborear a sua consagração e desenvolver suas qualidades como indivíduo.

> Mestre, qual é o grande mandamento na lei? Respondeu-lhe Jesus: Amarás o Senhor teu Deus de todo o teu coração, de toda a tua alma, e de todo o teu entendimento. Este é o grande e primeiro mandamento. O segundo, semelhante a este, é: Amarás o teu próximo como a ti mesmo.
>
> Mateus 22.36-39

Jesus diz que os maiores mandamentos listados na Palavra são estes: o maior mandamento é o que exige que amemos ao Senhor de todo o coração, mente e alma; o segundo maior mandamento é que amemos nosso próximo como amamos a nós mesmos. Mas como podemos amar nosso próximo que está longe de nós se não aprendermos a amar a nós mesmos?

É aqui que devemos dar início ao processo de preparação do presente a ser dado, pois como podemos presentear alguém que não valorizamos ou cremos que seja importante para nós? Não será esta a base para tantos relacionamentos problemáticos? Será que muitas pessoas têm a tendência de considerarem-se insignificantes e, portanto, se submetem a uma vida de abusos?

Mais significativo é o fato de que, se não nos valorizarmos, tenderemos a atrair pessoas que apoiam essa imagem desvalorizada. Lembre-se, agora, de que ensinamos as pessoas a nos tratarem conforme nós mesmos nos tratamos. Se você se respeitar, haverá homens que não apreciarão essa atitude. Provavelmente você ouvirá frases como estas: "Ela pensa que é muita coisa" ou "Esta garota é uma farsante".

A verdade é que ele viu o produto e não sabe o preço que consta da etiqueta. Você deve aprender que a rejeição é às vezes uma bênção e não uma maldição. Há algumas pessoas, empregos, amigos e outros que você não deseja atrair. Seu desejo é atrair para você pessoas com quem tem afinidade, que respeitem os seus valores e percepções.

Os indivíduos com baixa autoestima tendem a atrair outros que os dominam e controlam, ou os desprezam. Eles atraem o tipo de pessoas que tendem a reforçar o seu próprio negativismo. É por isso que você precisa ser curada interiormente antes de iniciar qualquer relacionamento.

Deus certas vezes adia os relacionamentos para dar-lhe oportunidade de curar-se como indivíduo. Então e só então você pode fazer escolhas saudáveis, que não estejam baseadas na necessidade ou no medo obsessivos de ficar só. Há muitas pessoas que suportam abusos incríveis por terem um medo terrível de ficar sozinhas! Para fugir de si mesmas, elas preferem viver com o abuso a enfrentar uma noite sozinhas em casa.

Se você não gastar tempo buscando a inteireza e aprendendo a arte de ser feliz sozinha enquanto for solteira, irá casar-se por medo. Anos mais tarde ao acordar do estado de coma da baixa autoestima, vai reconhecer que é um ser valioso, quer haja ou não um homem a sua volta. Poderá encontrar-se então deitada ao lado de alguém que não pertence mais a sua vida; ele se ajustava a sua existência e autoimagem *anteriores*.

Você poderá descobrir que está ligada a alguém que se ajusta a sua disfunção, mas não a sua função. De maneira trágica, vocês se afastaram em vez de se unirem. Muitas vezes, em resposta ao novo senso de valor da mulher, o homem entra em pânico e tenta insultá-la a fim de incutir-lhe uma falsa sensação de incompetência.

Mulheres, não aceitem essa degradação! Mantenham a coragem de discordar do aviltamento.

Existe diferença entre a crítica construtiva e a morte da alma humana. Saiba que não há nada errado com você. O homem é que é inseguro, desvalorizando-a para compensar suas próprias fraquezas. As mãos do homem forte batem palmas para a sua mulher, e ele continua satisfeito consigo mesmo.

Muitas noivas enquanto caminham pela nave da igreja dizem em segredo: "Salve-me, salve-me". É o grito silencioso de um coração desesperado que está amando a ideia do amor, amando a esperança de que alguém vai amá-la tanto que irá finalmente sentir-se satisfeita consigo mesma. Mas antes que cometa um erro trágico, você deve aprender a arte de sentir-se aquecida sozinha!

Você deve compreender também que essa é a hora de aprender a respeitar suas próprias opiniões. Isto não significa que deva ser inflexível quando se trata da opinião de outros. Não. Queremos estar sempre abertos à sabedoria oferecida por outros. Significa, no entanto, que você deve estar convicta de seus próprios pensamentos na ausência de outras pessoas e de seus conselhos.

O que *você* acha? Antes de pedir uma segunda opinião, verifique se tem uma primeira. Ficar a sós capacita-a a entender seus próprios sentimentos e a desenvolver seus próprios raciocínios. Pode acreditar, é muito melhor apaixonar-se por uma mulher que tenha suas próprias opiniões e criatividade do que se casar com alguém que só pensa o que *você* pensa e quer apenas o que *você* quer.

À primeira vista, ter uma mulher submissa pode parecer nobre para alguns. Mas, depois de algum tempo, vai querer uma mulher cujas ideias não tenham sido dadas por você!

Em resumo, a melodia precisa ser estabelecida antes de escrever a harmonia. Você deve firmar primeiro a sua identidade. Tente obter alguma solidariedade financeira, mental e espiritual. Depois, quando e se vier a acrescentar a sua vida o impulso harmonioso de um parceiro, ele será enriquecido com a sua contribuição e você com a dele, sem ser um peso que ele tenha de carregar até exaurir-se.

O alvo final é uma condição de inteireza, e ela não pode ser conseguida se você não estiver divorciada do seu passado e preparada para o seu futuro. Dê então um passo a cada dia e observe Deus conceder-lhe graça para fazer mudanças e estabelecer metas para o futuro.

Sua tarefa nesse ponto é bem simples. Há três palavras para começar: oração, louvor e carinho. Ore pedindo forças porque você sabe que ele dá poder aos que não o possuem. Louve a Deus pela sua sobrevivência porque você sabe que ainda está aqui pela misericórdia do Senhor. Trate-se com carinho para consolar-se. Ao tratar-se com carinho, você vai encontrar renovação e consolo contra as tragédias da vida.

Você pode fazer tudo isso ao mesmo tempo. Toque notas suaves no piano e tome um banho quente com sais aromáticos. Deite-se na água e levante as mãos no ar, louvando o Deus que lhe deu a bênção de estar viva. Ore pelas coisas que geralmente a preocupam. Recuse-se a passar a noite se aborrecendo com aquilo sobre que não tem controle. Em vez disso, ensaboe-se e relaxe — esta é a hora de dar atenção a você mesma!

> Tudo tem o seu tempo determinado, e há tempo para todo propósito debaixo do céu.
>
> Eclesiastes 3.1

2
Passos femininos apressados!

OS PAIS AMOROSOS OLHAM PARA OS SEUS PEQUENINOS e refletem sobre o prodígio dessas novas vidas cheias da promessa de esperança para o futuro. Todavia, embora sintam orgulho nessa hora, querem também proteger seus filhos dos inevitáveis desafios que surgem com a maturidade e as realizações.

Os pais sabem que a inocência de hoje pode ser rapidamente substituída pelo sofrimento de amanhã, e o amanhã não está assim tão distante. Posso ainda ouvir o som dos pezinhos de minha filha. Eles batiam no assoalho como se fossem as mãos de minha avó no domingo de manhã. Pareciam a parte de percussão de uma sinfonia infantil, escrita em cadência de risos e muitas vezes de melancolia. O tom mudava de momento a momento, mas a clave se mantinha a mesma.

Minha filha foi escrita em amor e, por algum tempo, apenas um momento breve e brilhante, ela foi escrita para mim.

O som dos pés descalços, porém, é em breve substituído pelo dos saltos altos e passos fortes. A menininha dos olhos do papai logo será a namorada de alguém. Um de cada vez, ela dá os passos que levam à feminilidade, e os passos entre as tortas de barro e as de creme são repletos de preocupações para os pais.

Que longo caminho os pequeninos pés devem fazer até chegar aos escarpins e às bolsas. É um longo caminhar morro acima. O morro é tão alto que algumas não conseguem subir sem tropeçar, sem machucar-se e esfolar a pele durante a jornada. Que pai sensato não teme os problemas que sua filha vai ter de enfrentar? Que mãe amorosa não ora à noite para que a sua menina tenha uma chance de lutar? Ela precisa ser uma guerreira, pois cedo ou tarde haverá um desafio para que possa sobreviver. E ela não poderá fugir do desafio. Não é provável.

Com passos rápidos, seguros e firmes, ela avança para um destino que ninguém pode prever. É a incerteza do futuro que faz o coração dos homens buscar um Deus que enxerga onde os seus olhos fracos são débeis demais para aventurar-se. Quem pode ver o amanhã senão aquele que o segura na mão? A menina de hoje é a dama de amanhã... talvez.

O som que ouço é dos passos correndo em direção à feminilidade e afastando-se da infância. Queridinha, por que anda tão depressa? Bastou um piscar de olhos e você passou dos mimos à puberdade. Viro a cabeça e escondo uma lágrima. Ao olhar de novo, você já entrou nos braços da idade adulta. Mas, pelo menos por um momento, ouço as batidas dos pés descalços no chão de madeira.

Lembro-me do olhar de admiração que só se encontra nos olhos de uma menininha vestida de rendas e com sapatinhos de verniz. Os olhos brilhantes de promessa e uma sugestão de travessura são a única maquiagem necessária para um rosto já adornado com o brilho intenso dos cosméticos da juventude.

O som de passos macios e a visão de uma mãozinha agarrando uma enorme boneca enche hoje nosso coração de alegria. Veja o sorriso que confia até em estranhos. Ouça os sons de um riso tão puro que se assemelha a água cristalina correndo entre as pedras no riacho da montanha. É um riso que não foi tocado, ensinado ou contaminado. O bebê de hoje é uma folha de papel em branco. O que for escrito nela hoje deixará uma impressão quase indelével.

Se as pessoas entendessem isso, não se moveriam tão rapidamente, não castigariam com tanta facilidade, nem tocariam de modo tão obsceno a vida das pessoinhas que chamamos crianças. Elas pessoas considerariam com cuidado as coisas que dizem ou fazem. É de lamentar que a maioria não compreenda que os atos impensados deixarão nossos filhos marcados pelas memórias tristes e destinos frustrados.

Adultos, reflitam então muito bem antes de dar as primeiras pinceladas nessa pequena vida. As linhas desenhadas na infância serão as rugas da velhice dela. Antes de o pincel tocá-la, certifique--se de que está pronto para marcar de maneira permanente a existência de uma criança pura. A marca que você fizer hoje é a herança com a qual alguém vai viver durante os anos vindouros.

Como criancinhas

Por que amamos as crianças? Até mesmo o indivíduo mais insensível sente certa ternura por elas. Será que se oculta em nós uma simplicidade associada à pureza delas? Não é verdade que como adultos passamos a vida procurando a mesma coisa que as crianças? Isto é, alguém para ser nosso amigo?

Em algum ponto, atrás de todos os nossos objetivos, está o desejo de que alguém seja o nosso único, melhor e fiel amigo. Em algum ponto — antes de os divórcios, escândalos, abusos do cônjuge, e a marcha da banda das manipulações terem falhado — está uma criança que olha os estranhos com olhos brilhantes, esperando que cada um seja um possível amigo a ser conquistado.

O que chamamos de intimidade como adultos é permitir realmente que outros vejam a criança que escondemos no corpo adulto. Nos braços deles nos encolhemos em posição fetal e fazemos ruídos suaves, nossos sonhos são agradáveis e acordamos como crianças espreguiçando à luz da manhã. Fazemos isso porque apesar da nossa maturidade e do nosso comportamento amável, ansiamos por alguém que possa nos oferecer segurança suficiente para nos tornarmos crianças outra vez.

A vida é como uma competição na qual todos os participantes estão correndo febrilmente para chegar a um destino. Eles correm com exuberância e tenacidade para atingir um alvo que parece escapar-lhes, contudo se preparam a cada dia para correr e se dirigem novamente para a pista, esforçando-se ao máximo para obter algum grau de sucesso.

Essa corrida não começa quando chegamos à idade adulta e entramos no mundo profissional. Não, é uma corrida que começa no útero e, ao contar três, acompanhados dos gemidos da mãe, saímos correndo. Bem no fundo, todos queremos a mesma coisa, e passamos a vida inteira a sua procura.

Por trás das tragédias e adversidades que acontecem na vida, há um sonhador esperançoso que deseja encontrar as respostas para a vida antes que as perguntas cheguem aos seus ouvidos em altos brados. A vida tem um modo especial de fazer perguntas que exigem respostas imediatas, e parece que irá castigar-nos por não conhecermos as respostas certas.

Quase todos os desgostos que você tem hoje surgiram quando a vida fez uma pergunta e você não soube a resposta. Essa é a verdadeira corrida da nossa existência: saber as respostas antes que a vida faça as perguntas. É como se a arte da vida fosse saber o que você se propõe e fixá-lo antes de a campainha tocar, a aula terminar e a noite chegar. O tempo passa, o dia se acaba, a vida vai esmorecendo. Devemos aprender enquanto há luz, para podermos fazer nossas escolhas quando estiver escuro.

> É necessário que façamos as obras daquele que me enviou, enquanto é dia; a noite vem, quando ninguém pode trabalhar.
>
> João 9.4

Como descobrir então essas respostas? Dediquei minha vida para saber três coisas. Se morrer sabendo essas três coisas, serei incluído entre os sábios de todas as eras. Primeira, devo conhecer a mim mesmo. Como posso amar o que não conheço, ou corrigir o que não vi? *Devo* conhecer a mim mesmo. É perigoso permitir que outros conheçam você melhor do que você se conhece. Lembre-se de que conhecimento é poder!

Segunda, devo conhecer a minha origem, o meu Criador. De que vale conhecer o produto se você não tem comunicação com o fabricante? A comunicação com o fabricante é que consola você numa crise. Quando o produto está em perigo, é preciso que o fabricante reformule a tecnologia ou ajuste o equipamento. Deus é o meu fabricante. Devo conhecê-lo antes de ousar conhecer a terceira categoria. Se conhecer as duas primeiras, posso estudar a terceira em relativa segurança.

Agora a terceira. Devo conhecer meu próximo. Devo conhecer os que me cercam. Pois embora nasçamos e morramos sozinhos, não fomos feitos para viver isolados. Somos animais sociais que precisam amar e ocupar-se com outros, e receber deles o mesmo tratamento. Disse que você precisa conhecer você mesmo e o seu Senhor antes de entrar num verdadeiro relacionamento, mas este será vazio se não conhecer realmente a pessoa com quem está interagindo. Você pode aprender os passos da dança e ouvir a música, mas se não souber os movimentos do parceiro, seria o mesmo que dançar sozinho.

Posso tê-la chocado ao colocar minha pessoa como número um. Acontece, porém, que isso é verdade. Quando crianças, não acordamos pela manhã querendo conhecer a Deus com tanta frequência quanto estamos curiosos para conhecer a nós mesmos. Os psicólogos afirmam que é natural para a criança de dois anos tocar seu corpo. Ela não está sendo só sexual, mas também se encontra numa jornada de autodescoberta. Ela olha no espelho e, no banho, toca todas as partes da sua anatomia. Está curiosa a respeito de si mesma antes de mais nada.

A busca da descoberta de si mesmo é que nos leva à necessidade de conhecer a Deus, pois só por meio dele é que podemos conhecer tudo que somos. Uma indagação está ligada e associada diretamente à outra. Não podemos aprender uma palavra sem conhecer o alfabeto, e temos de conhecer todas as palavras para que uma sentença faça sentido.

É preciso que eu conheça a Deus para conhecer a mim mesmo, então como pode alguém conversar comigo vinte minutos e ir embora sentindo que me conhece? É inconcebível. É um insulto.

Dá a entender que se julga muito brilhante ou que eu sou muito superficial.

É ridículo que alguém pense que me conhece quando estou ainda estudando a mim mesmo, descobrindo novos fatos a cada dia. Os resultados de cada conversa são pesquisados, avaliados, registrados e arquivados. Estou nadando no lago das várias experiências da vida e ainda não subi para respirar. Quem ousa pensar que me conhece só porque passou algumas horas, um dia, uma semana ou duas em minha companhia?

Como você pode conhecer o adulto que sou antes de tocar a criança que fui? Sabe que as decisões que tomo se baseiam nas percepções da criança que se esconde por trás destes olhos gastos pelo tempo? Empoleirada numa estrutura mais velha está uma criança que não mudou. É essa criança que se apaixona ou se magoa. É o galope dos pés da criança que foge de uma situação abusiva e depois senta-se em casa e chora durante semanas porque pensava que você fosse seu amigo. Como pôde casar-se comigo sem gostar de mim? É a criança que deseja sair e brincar ou aconchegar-se debaixo de um cobertor. Essa criança é que precisa ser alcançada se você quiser realmente conhecer-me.

> Jesus, porém, vendo isto, indignou-se e disse-lhes: Deixai vir a mim os pequeninos, não os embaraceis, porque dos tais é o reino de Deus. Em verdade vos digo: Quem não receber o reino de Deus como uma criança, de maneira nenhuma entrará nele. Então, tomando-as nos braços e impondo-lhes as mãos, as abençoava.
>
> Marcos 10.14-16

Não é de admirar que Jesus tenha dito: "Deixai vir a mim os pequeninos". Ele sabia que uma criança abençoada se transforma num adulto abençoado. Se quisermos nos aproximar dele, todos devemos apresentar-nos como crianças ou ela não nos receberá. De qualquer modo, é a criança que vai até ela. A criança em nós é que se achega a um Deus distante demais para chamá-lo de Deus, mas que se aproxima muito mais quando o chamamos de Pai. A criança em você precisa conhecer o seu Pai!

Jesus ensinou aos discípulos que a menos que alguém se torne criança, não herdará o reino. O que você herda depende diretamente da associação que faz. Se o seu companheiro for o mal, só irá herdar aquilo que o cerca. As crianças são herdeiras do sucesso ou do sofrimento. São elas que na verdade lutam em meio ao divórcio dos pais. Essa luta continua muito tempo depois de os pais terem se casado de novo. Com frequência herdam os erros dos pais. Por quê? Porque os danos infligidos cedo são mais letais do que os recebidos mais tarde. Quando o rebento é novo ele pode ser curvado. Devemos sustentá-lo o mais breve possível para que a árvore possa crescer forte.

A menina interior deformada faz sofrer a dama

VOCÊ JÁ SE SENTIU DEFORMADO? Algumas coisas que lhe acontecem podem deixá-lo desfigurado. Não do ponto de vista externo, mas interiormente. Muitas mulheres em nossa sociedade estão curvadas sob o peso e a pressão que vêm do fundo do seu ser, segredos sombrios e traumas que as deixaram deformadas e desfiguradas. Problemas, relacionamentos e incidentes saltam do seu passado e fazem delas seus reféns, acorrentadas para sempre ao sofrimento emocional.

Eventos ocorridos há muito tempo alteram de modo permanente essas mulheres; as feridas podem não ser recentes, mas as cicatrizes duram a vida inteira e nunca se curam completamente.

> E veio ali uma mulher possessa de um espírito de enfermidade, havia já dezoito anos; andava ela encurvada, sem de modo algum poder endireitar-se.
>
> Lucas 13.11

O coração ferido da mulher que sofreu abuso se parece muito com uma boneca de pano rasgada. O tecido frágil de uma menininha terna se rasga em pedaços, que continuam a fazer-se visíveis em sua vida adulta. Lágrimas mansas, salgadas, escorrem pelas faces das mulheres que passaram por traumas muito pessoais para serem comentados, mas também evidentes demais para poderem manter-se ocultos.

Elas são perseguidas pelas lembranças de coisas que desejam esquecer. Não é incomum para essas mulheres acordarem assustadas à noite. Elas choram no cinema, não por causa do enredo, mas por se identificarem com a vítima.

Compreenda que o encurvar do ramo é que deforma a árvore. Nós vemos a árvore com seus ramos torcidos e tronco mutilado, mas Deus vê o rebento novo que deveria ter permanecido intocado. É bom saber que Deus não é como os homens. É bom saber que Deus vê o renovo enquanto os homens discutem sobre a árvore.

O ramo novo foi torcido e é ele que chora à noite. É ele que anseia ser curado. Veja bem, por mais que a árvore envelheça, ela continua sendo afetada pelo estágio da vida do ramo. Vemos a árvore, mas o Mestre sabe que ela ainda está lutando com os problemas do estágio de rebento.

Da mesma forma, todo homem que já teve uma mulher em seus braços, todo ministro que já aconselhou um adulto logo compreende que está lidando com os resultados e influências das experiências passadas. Não é o bater dos saltos dos sapatos negros que correm na direção de mãos humanas ou das palavras divinas para encontrar ajuda. É o tamborilar suave dos pezinhos. Pés formados pela adversidade, desafio e lutas.

Nós que ministramos aos corações partidos e às vidas desamparadas e decepcionadas vemos uma nova sede de um despertamento espiritual. Vemos mulheres adultas correndo para o altar, enquanto o Pai ouve o som dos pezinhos. Elas correm para junto de Deus. Não há outro lugar para ir. São meninas sofridas, que cresceram, mas continuam encurvadas. Elas estão cheias de remorsos e segredos, cicatrizes e traumas. Têm de correr de braço em braço, de homem em homem. Têm de correr até cansar-se de ver as mesmas coisas acontecerem repetidamente.

Correr sem direção é como correr velozmente em círculo. Você gasta muita energia, mas os resultados são poucos. Isso me traz à lembrança o caminhar durante horas numa roda giratória e finalmente sair dela cansado e molhado. A primeira coisa que você nota é que andou muitos quilômetros, mas não saiu do lugar. Você já fez um retrospecto da sua vida e sentiu como se tivesse se exaurido viajando, sem nem sequer chegar ao seu destino?

Olhe para os seus pés e imagine o que eles diriam se pudessem falar. Onde estiveram e do que fugiram? Esses são pés de crianças, que cresceram, mas continuam doloridos. De fato, em todo o mundo há uma multidão de pessoas que sofrem, cujos pés passaram pelo fogo enquanto corriam de volta para casa. Elas tentaram amortecer a dor mediante o pecado e não conseguiram a paz que buscavam. Como não puderam chorar a sua dor até adormecer, correram finalmente para Deus. Corram então, pés pequeninos. O Pai os espera.

Preso num lapso

Quando o sofrimento cresce demais, é às vezes mais fácil proteger-se. O aguilhão do sofrimento não pode alcançar um coração envolto numa concha grossa, protetora — nem mesmo o amor consegue. Esse é um estado de expiação emocional.

Quando você bloqueia a dor, impede igualmente todos os outros sentimentos, e nada nem ninguém pode tocá-la. Os sermões não a tocam. O sexo não a toca. As carícias apaixonadas do amante deixam de tocar o ponto em que a dor é maior. Noites de ansiedade a deixam vazia.

— Há algo errado? — perguntam eles. — Não, está tudo bem —, você responde, mas suspira por dentro, vira-se no travesseiro e finge dormir. Eles não sabem que enquanto a envolvem nos braços, na verdade não a estão segurando. O seu verdadeiro "eu" está afastado do resto do mundo. É quase como se o seu coração estivesse dentro de uma armadura.

Você está a salvo do sofrimento, ninguém pode feri-la, mas está sozinha, vazia e intocada. Você está fazendo amor, fazendo vida, fazendo café, isolada. Está em quarentena por causa da dor, e afastada por causa dos conflitos secretos. Tão perto, mas ao mesmo tempo tão longe, permanece inatingível.

Isto é solidão em seu nível mais extremo. A verdadeira solidão tem pouco que ver com compartilhar ou não uma casa ou uma cama com alguém. Você pode morar com dez pessoas e mesmo assim sentir-se solitária. A solidão é intensificada quando você tem todo motivo para não estar só, mas está. A solidão grita mais alto quando você está cercada de pessoas, tão próximas que pode sentir a respiração delas em seu pescoço, mas você está envolta em um manto invisível.

Não se trata de nunca haver ninguém procurando você. Pode ser que haja tantas camadas para remover que as pessoas estejam tocando apenas a superfície externa da cobertura em que você se escondeu durante anos. O que construiu como proteção se transformou agora em prisão, e você está trancada numa cela silenciosa construída só para um.

Chamo isso de preso num lapso! Podemos descrever essa situação como um elevador parado entre andares? Para muitos, parece que algo aconteceu e a vida os deixou em suspense, e assim permaneceram durante anos até que ela voltasse ao lugar em que estavam. A Bíblia diz: "Os passos do homem são dirigidos pelo Senhor" (Pv 20; 24). Mas e se os pés ficarem presos no caminho? Você já se sentiu presa entre idades e estágios, fases e lugares? Está sofrendo agora pelo que aconteceu em outra época? Imagens flutuam em sua mente, vozes de conversas passadas a perseguem no meio da noite? Você não está paranoica nem nervosa demais, está apenas vendo seus fantasmas comuns, nada especiais — questões não resolvidas.

Já se descobriu discutindo com pessoas que não estão mais ouvindo? Muitas pessoas que procuram o sucesso fazem isso para provar algo a alguém que nem sequer está mais presente. Continuam envolvidas com um fantasma!

A mulher ferida tem a especial capacidade de abrigar essas invencionices mentais. Elas a acompanham onde quer que vá. São rostos que surgem a sua frente durante a noite. São os parceiros dos infelizes, dos magoados. São as memórias tristes de oportunidades perdidas e relacionamentos rompidos. São os companheiros de cama dos que sofrem. São os demônios que precisam ser exorcizados, os fantasmas que devem ser expulsos do coração daquele que ousaria olhar a vida de frente e dizer: "Não vou desistir!".

Essas devem ser também as suas palavras caso deseje sobreviver. Deve olhar diretamente para o inferno chamejante das situações demoníacas e declarar com lábios ressecados, solitários, manchados de lágrimas: "Vou continuar!". No íntimo de cada vítima há tenacidade e vontade firme. A coragem nasce das crises. Menininha, você tem o poder. Ele está em você por meio de Cristo. Você tem os elementos do sucesso. Ninguém pode ser bem-sucedido sem vencer a oposição. Enxugue o rosto, endireite os ombros, levante a cabeça e sobreviva!

Ninguém pode mudar o seu ontem, por mais terrível que ele tenha sido. Atualize a sua vida. Isto é agora, não antes. Oro para que tenha a coragem de suportar o que não puder mudar, de remodelar completamente as coisas que puder, e de ignorar o resto.

Enquanto escrevo isto estou sentado na praia. É aonde sempre gosto de ir quando os pensamentos fluem. É aqui que sinto melhor a minha finitude. É aqui que os problemas diminuem para mim. Enquanto observo as gaivotas reclamarem contra o vento, arrebatando porções de ar por baixo das asas, subindo cada vez mais alto e depois planando, compreendo como muitos homens se sentaram onde me acho agora. Eles estão mortos, e eu vivo. É minha vez de contemplar o que eles viram.

O majestoso oceano nos ensina muito. Junto dele inúmeras canções foram escritas. Muitas vidas se perderam nele. Foi lugar de batalhas e comemorações, crises e conquistas. Suas marés violentas não têm medo nem são intimidadas; elas trazem à praia o que querem e atiram nela objetos como se estivessem despejando certas coisas e arrebatando outras.

O mar talvez tenha durado tanto justamente por isso. Ele sabe como soltar algumas coisas e agarrar outras. Se você quiser sobreviver, aprenda com o oceano. Jogue fora algumas coisas e pegue outras, e quando tudo o mais falhar... não desista.

Influencie a próxima geração

> Muitas mulheres procedem virtuosamente, mas tu a todas sobrepujas.
>
> Provérbios 31.29

O desafio é alcançar um ponto na cura onde você possa discutir o que antes foi uma frustração silenciosa. Quando pode manifestá-la, essa frustração se transforma em sabedoria. É justamente quando você se projeta e ministra a outros que o ministério é impulsionado.

Notei que quando alguém dá entrada no hospital, os médicos não o retêm tanto tempo como costumavam fazer. As razões são várias. Dinheiro e assistência médica podem ser algumas. Geralmente também há falta de leitos, portanto, no momento em que o indivíduo pode cuidar de si mesmo, eles lhe dão alta. É em casa que se aprende a levantar-se e a enfrentar as limitações. É ali que, com sabedoria e obediência às instruções, se pode terminar o processo de cura. É ali também que se pode curar o espírito da mesma forma que se curou a carne.

Chega um ponto em que você recebeu ajuda suficiente e não se encontra mais na lista crítica. No momento em que pode levantar-se, é bom fazê-lo. Você ganha forças ajudando outros. É uma pena que muitos só procuramos ministérios quando é sua vez de receber. No momento em que se recuperam, não dão nada ao paciente seguinte.

Você jamais se tornará um ministro enquanto estiver deitado no leito do hospital. Levante-se e ajude alguém a passar pelo que você passou. Há tantos que necessitam do leito em que você se encontra. Ceda-o a essas pessoas e seja parte da solução em vez do problema. Isso, em si mesmo, é uma terapia.

É possível que seja a sua vez de dar uma aula baseada numa calamidade. Você já deu aula? Deus toma os quebrantados e os feridos e os recupera para que possam ser clínicos da cura e instrumentos de vida. Você quer saber o que fazer com a sua vida. Está preso num lapso de um trabalho insatisfatório, está envelhecendo e quer fazer algo que realmente importe. A satisfação nem sempre é uma questão de rendimentos. É muito bom quando você pode deitar-se à noite e saber que suas ações de hoje fizeram diferença na vida de alguém.

Afirmo-lhe que o seu ministério está onde você se encontrou mais fraco. Esse mesmo lugar que o fez chorar e gemer é que pode levar dignidade e cura aos que foram atingidos pelo mesmo sofrimento. Este é o ponto em que a sua compaixão irá elevar-se em espiral, e você pode ajudar a próxima geração de vítimas a sair do leito e andar.

> A fim de que também desse a conhecer as riquezas da sua glória em vasos de misericórdia, que para glória preparou de antemão.
>
> Romanos 9.23

As Escrituras os chamam de vasos de misericórdia. São misericordiosos porque precisaram de misericórdia. Esses ex-pacientes possuem uma compaixão que só pode ser exercida porque eles mesmos estiveram acamados. Sua misericórdia tem raízes nas lembranças das suas próprias tragédias.

Se você já teve de enfrentar uma tempestade, sua atitude será muito diferente quando comparada à daqueles que nunca sofreram ou fracassaram. Você se tornou um vaso de misericórdia, e Deus quer usá-lo. Deve ensinar à próxima geração como evitar a escola das pancadas.

Não seria bom ensinar suas filhas, para que não tenham de fazer o que você fez, para que saibam o que você sabe? Você sabe coisas que podem salvá-las das tormentas, das lágrimas e dos traumas. Se não puder salvá-las, pode pelo menos ajudá-las a enfrentar os perigos. Afinal de contas, você esteve lá, fez isso. Ensine a elas. Fale alto e claro.

É urgente que interrompamos o ciclo que leva as pessoas a passarem pelos mesmos sofrimentos de geração em geração. Pare com a loucura e proteja o tamborilar dos pezinhos, que hoje está quase extinto. Onde estão as crianças? Alguém já notou que não há marcas de giz nas calçadas? Alguém já notou que não há mais bambolês à venda? O que aconteceu com o tamborilar dos pezinhos? Onde estão as menininhas que eu conhecia? Onde estão as garotinhas com olhares tímidos e atitudes modestas, com meias soquetes e de presilhas? Por que as meninas que antes andavam de bicicleta estão agora empurrando carrinhos de bebê? Perdemos a melodia da infância.

Posso sentir o retorcer-se dos corpinhos das crianças sufocadas pela vulgaridade, expostas à pornografia e roubadas da infância. Meninas pequenas são deixadas sozinhas em casa, e o inimigo está sorrindo como um ávido cafetão esperando a próxima ceifa de carne fresca. Ele não precisa mais usar tios embriagados para cometer o incesto, está usando domésticas, babás, sacerdotes pedófilos e bate-papos de computador. Essas crianças que foram atacadas e molestadas aos dez ou doze anos não têm sequer permissão para discutir o seu sofrimento.

Algumas não foram molestadas, foram espectadoras, mas vítimas do mesmo jeito. Testemunharam os mais hediondos atos de crueldade a que o mundo já assistiu. São crianças que viram crimes executados em suas próprias casas. Crimes em que a vítima e o perpetrador eram parentes da pequena testemunha.

Seus lares eram tão depravados quanto qualquer campo de batalha do mundo. Cresceram ocultas nos armários das casas onde a violência doméstica era praxe. Acordaram ao som de vidro quebrado, insultos e imprecações. Seus ouvidos ficaram cheios com cenas de estupro e de agressões contra suas mães. Ouviram os sons abafados dos espancamentos, o estalar de cintas, o ranger de molas da cama e os gritos sufocados de socorro.

Não foram vítimas diretas, apenas testemunhas de um pesadelo do qual não conseguem acordar. São as tristes baixas de uma guerra fria. Uma guerra que estamos perdendo.

Trata-se da mutilação depravada de mentes jovens, do terror e do sofrimento de inocentes cujas lembranças deveriam evocar o cheiro do bolo assando no forno. Em vez disso, têm de suportar a náusea mental de eventos mal digeridos que mantêm a mente regurgitando e o coração doente com pensamentos que se negam a ir embora. É a zona escura do coração adolescente. Sua puberdade fica prejudicada na confusão entre questões adultas e pensamentos infantis. O resultado é um coquetel de sofrimento e uma vida de devassidão.

Algumas de vocês sabem que estou dizendo a verdade, pois só os seus olhos escondem os segredos do seu sofrimento. Vocês que foram expostas a coisas demais, e rápido demais, são testemunhas vivas de que não precisam morrer para ir para o inferno. O calor do seu passado ameaçou o seu futuro com seu inferno chamejante de lembranças e efeitos colaterais que ainda as perseguem. Há problemas em seu passado que podem estar afetando-a ainda hoje. Eles a envolvem como o vapor num espelho depois de um banho quente. O banho terminou, mas o vapor perdura. Essas são as imagens ociosas que assombram a mente dos adultos.

As cicatrizes ficam em nosso coração como fantasmas, vapores da tempestade da vida que aparecem e desaparecem. Há alguma coisa pairando sobre você que precisa ser expulsa? Quero dizer- -lhe que Deus tem poder para apagar o que nem o sexo, nem as drogas, a bebida ou o dinheiro podem apagar. Nenhuma dessas soluções repugnantes pode curar o trauma. Elas só nos anestesiam durante algum tempo, mas depois nos deixam amargos, zangados ou deprimidos — subprodutos de nossa agonia íntima. O meu Deus, porém, conserta bonecas quebradas. Ele costura com mãos hábeis os sonhos rasgados, as esperanças destruídas.

Se a sua vida estiver estraçalhada como a de uma boneca velha jogada no canto de um sótão empoeirado, recomendo que recorra a ele. Corra para ele e permita que conserte sua alma seviciada, que a deixou largada no chão.

Você já viu uma mulher com o coração partido? Não pode saber pelas suas roupas ou pelo cabelo. Nem pode descrevê-la pela sua raça ou pelo número de diplomas recebidos na universidade. Observe os pequenos traços de cicatrizes por trás da maquiagem, um olhar vago, mortiço, que nem o delineador nem a sombra podem avivar. Procure um sorriso que desapareça rápido demais ou um olhar sofrido que contempla um passado tão hediondo que não pode ser descrito e tão terrível que não pode ser esquecido. Você já observou o olhar vazio de uma pessoa que viu o fogo do inferno e foi queimada por uma história que não tem coragem de contar?

Essa mulher no geral esconde na ira a sua desesperança. Veste-se de amargura, que aparentemente é a única proteção que pode conseguir sozinha. Assemelha-se a um animal domesticado brincando de selvagem, esperando que ninguém saiba que atrás do seu rosnar não há dentes, apenas lágrimas. São lágrimas quentes, amargas, que surgem à noite como corujas e ficam penduradas nos cílios, vitrificando silenciosamente seu rosto até de manhã, quando tem de colocar novamente a máscara e sair para o trabalho.

Essa mulher é um vaso quebrado, que deixa escoar a vida e perde o amor. Seus relacionamentos são problemáticos. Parece que escorregam entre seus dedos como areia apertada com força.

> Afirmou-lhe Jesus: Quem beber desta água tornará a ter sede; aquele, porém, que beber da água que eu lhe der, nunca mais terá sede, para sempre; pelo contrário, a água que eu lhe der será nele uma fonte a jorrar para a vida eterna. Disse-lhe a mulher: Senhor, dá-me dessa água para que eu não mais tenha sede, nem precise vir aqui buscá-la. Acudiu-lhe Jesus: Vai, chama teu marido e vem cá; ao que lhe respondeu a mulher: Não tenho marido. Replicou-lhe Jesus: Bem disseste, não tenho marido; porque cinco maridos já tiveste, e esse que agora tens não é teu marido; isto disseste com verdade. Senhor, disse-lhe a mulher: Vejo que tu és profeta. Nossos pais adoravam neste monte; vós, entretanto, dizeis que em Jerusalém é o lugar onde

se deve adorar. Disse-lhe Jesus: Mulher, podes crer-me, que a hora vem, quando nem neste monte, nem em Jerusalém adorareis o Pai. Vós adorais o que não conheceis, nós adoramos o que conhecemos, porque a salvação vem dos judeus. Mas vem a hora, e já chegou, quando os verdadeiros adoradores adorarão o Pai em espírito e em verdade; porque são estes que o Pai procura para seus adoradores. Deus é espírito; e importa que os seus adoradores o adorem em espírito e em verdade. Eu sei, respondeu a mulher, que há de vir o Messias, chamado Cristo; quando ele vier nos anunciará todas as coisas. Disse-lhe Jesus: Eu o sou, eu que falo contigo.

João 4.13-26

As mulheres de coração partido acham difícil manter relacionamentos. Estão sempre procurando alguém que possa carregar o peso da sua dor. O único homem que conheço que se dispõe a levar o sofrimento de outros é Jesus. Os demais desistem, ficam cansados e fogem. Se você colocar peso demais sobre seres humanos, eles irão desapontá-la.

Ninguém é atraído para um problema, exceto um solucionador de problemas. Seu nome é Jesus, e ele sabe quem você é! Qualquer outro homem estará procurando uma mulher inteira. Sei que é irônico, mas até o homem de coração partido quer uma mulher inteira. Quer dela algo que ele não possui. Os padrões duplos do amor são muito injustos, mas são reais. Esse homem procura uma mulher que possa contribuir para a sua vida.

Normalmente, a mulher ferida entra numa relação procurando alguém para salvá-la. Ou pelo menos alguém que prove que não é como o resto dos homens que a feriram no passado. Quem quer começar um relacionamento competindo com todos esses fantasmas? O homem deseja relacionar-se com você e não com seus antigos namorados. Antes de enfrentar outro rompimento, espere um minuto, pare junto ao poço e deixe Jesus Cristo livrá-la dessas assombrações. Caso contrário, terá dificuldade para encontrar alguém que preencha esse vazio.

Jesus encontrou uma mulher assim junto ao poço. Ela tivera vários relacionamentos e estava envolvida num "caso" quando Jesus lhe falou. Jesus poderia ter reprovado, com todo o direito, os homens que a usaram e lhe roubaram a dignidade. Mas ele ultrapassa o estágio da culpa, que nunca traz cura, e questiona a mulher sobre a sua sede interior. Ele não perdeu tempo atacando os pretendentes oportunistas que se agarraram à vida da mulher como gafanhotos em um campo de trigo.

Jesus sabia que esses homens eram apenas sintomas, o problema era ela. Sabia que, por trás dos muitos casos e relacionamentos, ela era uma mulher ferida, sedenta, desesperada por beber algo que a saciasse. Não o saciar da carne, mas da alma. Cristo identificou o seu problema como sede que só ele podia extinguir.

Se você estiver perdendo a vida e o amor, deve permitir que Cristo recolha os pedaços quebrados do seu coração. Assim ele pode dar-lhe água para que não tenha sede. Não seria esplêndido começar um relacionamento sem estar tão sedenta de amor que não possa confiar no seu próprio discernimento? Quando sua sede de amor não for tão grande poderá tomar melhores decisões.

Toda arrumada e sem lugar para ir

São muitas as mulheres que se vestem e se exibem graciosamente como peças delicadas de porcelana chinesa, mas por dentro se sentem secretamente sujas. Esta é a dor que o banho não lava, o sabão não limpa, nem os cosméticos escondem. É o grito lancinante da alma angustiada que não pode ser ouvido nem pelos mais próximos. Deus, no entanto, ouve o choro da voz emudecida. Ele ouve o leve gemido que escoa na noite, como a água vazando de um cano partido.

O homem só pode conhecer a mulher que estreita nos braços quando tiver tocado a criança que ela foi. Isto constitui um mistério para quase todos os homens, mas é a chave necessária para a compreensão e, assim, iniciar a cura. É a menina que mantém cativa a mulher silenciosa. Cure a criança com a palavra de Deus, e a mulher será libertada.

Minha irmã costumava vestir-se com as roupas de nossa mãe. Acho que isso não era tão estranho assim. Muitas meninas acreditam que já são moças. Elas passam tempo diante do espelho, observando-se, penteando o cabelo, agindo como se fossem *socialites* sofisticadas. Era apenas uma brincadeira para passar o tempo enquanto nossa mãe fazia compras. Mas para os quase 25% de meninas que foram molestadas e que sofreram abuso em tenra idade, o faz de conta não é mais uma brincadeira. Alguém entra e transforma a ilusão em realidade.

Um adulto pode tocar a menina como se ela fosse mulher, deixando para trás um ramo encurvado que crescerá e será uma árvore deformada. Num estalar de dedos, um estupro brutal, um marido bêbado que abusa da mulher, ou um toque proibido por um tio respeitado pode alterar permanentemente uma garota. Todos aqueles dias de brincadeira e ingenuidade, e um ato bestial de abuso rouba para sempre a sua juventude.

Não é de surpreender que a única coisa que separa a moça bem ajustada e empreendedora da garota promíscua, viciada em drogas, sem caráter seja um incidente que pode ocorrer em poucos minutos? Sei que há exceções, mas descobri que muitas das pessoas assim em nossa sociedade resultam de segredos trágicos. Essa triste verdade pode nos perturbar. Ela torna difícil admitir que se não fosse pela graça de Deus poderia ser eu.

Alguns minutos a sós e você não seria quem é, o que é e da maneira como é. Assim nasce a nossa proximidade neste planeta: somos separados apenas por incidentes e acidentes que encontramos no caminho. Alguns minutos bastariam para que você não fosse definida como é agora. Alguns minutos e pronto, seus sonhos se transformaram em cinzas e sua cabeça foi torcida, sua boneca quebrou-se, seu hímen rompeu-se e você é agora um dado estatístico. Não, não um dado estatístico, porque para ser um dado estatístico teria de declarar algo. Cuidado... este é um grupo que nunca fala ou confessa.

Para essas pequenas damas o faz de conta não é mais divertido. Elas são forçadas a entrar em jogos de adultos da mais horrenda espécie. São velhas demais para voltar às amiguinhas e sentir-se como crianças, mas jovens demais para ser mulheres. Ficam presas num lapso. São a geração esquecida. São executivas e domésticas. Negras e brancas. Atraentes e simples. Obesas e anoréxicas. Promíscuas e frígidas. Os sintomas são diferentes, mas o sofrimento é o mesmo. Podem vir de todos os povos e classes. Observe — elas estão todas a nossa volta.

O sofrimento dirige um carro de luxo

> Mas o que para mim era lucro, isto considerei perda por causa de Cristo. Sim, deveras considero tudo como perda, por causa da sublimidade do conhecimento de Cristo Jesus meu Senhor: por amor do qual perdi todas as coisas e as considero como refugo, para ganhar a Cristo.
>
> Filipenses 3.7-8

Permitimos que o sofrimento se esconda por trás do dinheiro. Deixamos que faça isso porque em nossa cultura acreditamos que o sucesso cura a dor. Não ministramos aos ricos, só aos sem-teto. Devemos ajudar os pobres, mas não parar aí. Não é preciso ser pobre para sofrer. Há muitas pessoas sentadas numa banheira de água quente e contemplando o suicídio.

Há muitos indivíduos famosos, ricos, que nunca ouviram falar de Cristo. Cristo não é apenas o Deus da mãe que faz parte do programa de assistência social. Ele é o Deus de todos — tanto ricos quanto pobres. O sofrimento atinge todas as classes sociais. Jogadores de futebol, modelos, atores e executivos estão no limite: estressados e vazios, feridos e vulneráveis. Custou tanto para alcançar o que possuem que não restou nada para mantê-los onde estão. É verdade, o sofrimento hoje dirige um carro de luxo. Ele não está com uma vassoura limpando a casa. Pertence ao clube de campo e possui um conjunto de tacos de golfe. Ele é dono da própria empresa.

Se você foi criada para pensar que tudo que tinha que fazer para ser feliz era casar-se com alguém de dinheiro, ou terminar a escola e mudar-se para o lado nobre da cidade, tenho más notícias. O suicídio está aumentando entre os profissionais, e os índices de divórcio são maiores quando há algum lucro para obter no acordo. O sofrimento não se confina às favelas. Ele está vivo e ativo nos melhores bairros. Por que precisamos saber que a única coisa completamente sem preconceitos que resta em nossa cultura é a dor? Precisamos saber para que não haja necessidade de adorar o sucesso, os empreendimentos, a riqueza ou a influência.

Pergunte a Lídia, mulher de negócios rica e bem-sucedida. Uma bela mulher que vendia tintas e mercadorias tingidas em Tiatira, um lugar bem distante. Era rica, mas não se sentia feliz. Em Atos 16.12-15,40, Lídia ouviu Paulo pregar e foi convertida. Ao ouvir a pregação do apóstolo, compreendeu repentinamente que precisava de Cristo para completar a sua fé. Compreendeu que Deus a abençoara para ser uma bênção na vida de outros. Seus recursos e contatos foram colocados à disposição do ministério.

Lídia tornou-se uma mulher completa e foi usada poderosamente por Deus. Você acabará tendo necessidade de fazer algo com o que adquiriu, ou a sua busca terá sido inútil. O poder financeiro sem um objetivo não resulta em realização.

Se alguém tivesse observado a riqueza exterior de Lídia e deixado de reconhecer sua pobreza interior, teria roubado dela a oportunidade de ser uma mulher completa. Há milhares de Lídias neste mundo. Elas galgaram a escada do sucesso e encontraram pouca satisfação no último degrau. Precisam conhecer Jesus e o seu amor. Você entende que essa mensagem é para os que têm bens assim como para os que não os têm?

Há muitos tipos de sofrimento. Eles nem sempre se concentram na falta de recursos. São muitos os que não foram ajudados espiritualmente porque a nossa sociedade propõe que quando alguém é famoso ou rico deve sentir-se realizado. Mas pergunte a Lídia, cuja vida mudou tanto que ela veio a transformar-se numa importante patrocinadora do ministério.

Lídia representa não só a capacidade de Deus para curar os ricos, mas também dissipa o estereótipo de que o cristianismo oprime as mulheres. Pelo contrário, ele é o emancipador da inteligência e o libertador da excelência. Lídia é um modelo para as mulheres que aspiram à excelência!

> Quando foi sábado, saímos da cidade para junto do rio, onde nos pareceu haver um lugar de oração; e, assentando-nos, falamos às mulheres que para ali tinham concorrido. Certa mulher chamada Lídia, da cidade de Tiatira, vendedora de púrpura, temente a Deus, nos escutava; o Senhor lhe abriu o coração para atender às coisas que Paulo dizia. Depois de ser batizada, ela e toda a sua casa, nos rogou dizendo: Se julgais que eu sou fiel ao Senhor, entrai em minha casa, e aí ficai. E nos constrangeu a isso.
>
> Atos 16.13-15

Deus entrou na casa de Lídia naquele dia e curou tudo na casa. Ele fez o que as riquezas dela não podiam fazer. Trouxe paz a seu lar e livramento a sua família. Peço-lhe que ouça esta palavra e compreenda que há uma razão para Deus ter-lhe confiado esse ministério. Está na hora de abrir sua casa ao Espírito Santo e permitir que ele trabalhe em sua vida. O Espírito está aguardando uma oportunidade para proferir palavras de cura sobre as feridas que infectaram cada área da sua existência. Se você tiver tudo exceto Jesus, então não terá nada.

O sofrimento é um problema de oportunidades iguais. Ele ataca os ricos e os pobres. Imediatamente depois de deixar a casa de Lídia, Paulo encontrou uma moça escrava, adivinhadora, e pregou a ela.

> Aconteceu que, indo nós para o lugar de oração, nos saiu ao encontro uma jovem possessa de espírito adivinhador, a qual, adivinhando, dava grande lucro aos seus senhores. Seguindo a Paulo e a nós, clamava, dizendo: Estes homens são servos do Deus Altíssimo, e vos anunciam o caminho da salvação. Isto se repetia por muitos dias. Então Paulo, já indignado, voltando-se, disse ao espírito: Em nome de Jesus Cristo eu te mando: Retira-te dela. E ele na mesma hora saiu.
>
> Atos 16.16-18

Em curto intervalo, o Evangelho foi pregado à mulher de negócios, transcendeu a cultura e a riqueza e tocou uma escrava. Este velho hino da igreja talvez explique melhor isso:

O sangue que Jesus derramou por mim
No calvário,
O sangue que me dá forças,
Dia a dia,
Jamais perderá seu poder.
Diz a velha canção
Ele chega a mais alta montanha
E corre para o vale mais baixo.[1]

Se Lídia é a mais alta montanha entre as mulheres, a moça escrava é o vale mais baixo. Era pobre e escrava. Estava envolvida no ocultismo e sob o controle de influências malignas. Mas quando ouviu falar de Jesus, ele a livrou completamente. Não posso pensar em outra circunstância que descreva melhor a altura, a profundidade e a largura do amor de Deus. Ele abrange de um extremo a outro.

Não há diferença no preço da redenção exigido dos ricos e dos pobres. O mesmo sangue que lava a feiticeira limpa a mulher de negócios. Você já permitiu que esse sangue eficaz que limpa a alma e renova a mente a purifique? Não importa se a sua origem é semelhante à de Lídia ou se esteve interessada no ocultismo. Ele tem o poder de penetrar nas trevas com a sua preciosa luz!

Embora o seu passado possa estar mesclado a tragédia e cheio de sofrimento, Deus ainda assim oferece o bálsamo que cura. Ele apaga o resíduo marcado e sangrento que confirma os horrores pelos quais você passou. Está aí para mostrar-lhe como tirar o máximo proveito das enfermidades de ontem. Pegue esses traumas e tragédias e mude de direção.

---

[1] Tradução livre.

Não importa aquilo que teve de enfrentar, lembre-se de que você continua aqui. É uma sobrevivente e há uma menininha que precisa aprender a sua receita de sobrevivência. Ela não precisa saber de seus sucessos, mas de seus fracassos. Nas ruas, em algum lugar, há alguém morrendo por não saber que é possível viver apesar do que já suportou. Você é um bem precioso. É a cura para as crises. Sei que vai dizer:

— Como posso ser a cura quando eu mesma estou sofrendo?

Olhe para Jesus. Ele estava dando vida ao morrer. Curou os enfermos pelo seu sofrimento. Foi ferido pelas nossas transgressões. Será que você passou por tantas coisas só para poder ajudar outra pessoa?

Não é possível alterar o passado, mas há um meio de tirar proveito dele. Minha sogra morreu há pouco tempo. Ela era tal fonte de força para mim e minha esposa que ficamos aniquilados com a sua perda. Pela minha experiência, disse a minha mulher que a dor não desapareceria. Poderia diminuir, mas nunca desapareceria totalmente. Disse-lhe que a única maneira de justificar a morte de um pai ou de uma mãe é dar aos filhos o que você mesmo não recebeu. Oferecer a outra pessoa aquilo que se deseja é um princípio da Escritura. A coisa de que mais se precisa é aquilo que se deve dar. Ela voltará multiplicada as suas mãos.

> Dai, e dar-se-vos-á; boa medida, recalcada, sacudida, transbordante, generosamente vos darão; porque com a medida com que tiverdes medido vos medirão também.
>
> Lucas 6.38

Você pode estar sofrendo neste momento, mas o melhor remédio é dar o consolo que nunca recebeu. A sabedoria de suas experiências é um dom que você pode compartilhar e, ao aliviar a carga alheia, diminuirá a sua. Peça forças ao Senhor para dar a outros a força para sobreviver e, por meio de seu próprio ministério, você será curado.

Oração para quem precisa dela imediatamente

Pai,
admito que estou sofrendo hoje. Sei que passei por momentos difíceis e compreendo que ainda não me recobrei de todo. Todavia, sei também que há pessoas que estão em pior situação do que a minha. Conceda-me uma oportunidade para encorajá-las com a minha sabedoria. Enquanto dou a outros o que desejaria que me dessem, agradeço por me reabastecer e me dar da água viva. Confesso que minha vida está cheia de água estagnada. Tudo o que não vazou também não está se movimentando; mas hoje, ó Deus, agito as minhas águas. Não mais derramarei lágrimas de depressão.
Obrigado por me abençoar enquanto dou aos necessitados. Alguém precisa mais deste leito do que eu. Satanás, você já me manteve nesta cama o suficiente. Em nome de Jesus, vou levantar e ser curada! Amém.

Fale com o médico e ele lhe dirá que a vacina é preparada com elementos da infecção. O antídoto é preparado com o próprio veneno. Esse mesmo princípio se aplica quando ministramos a alguém. As melhores pessoas para ajudar outras não são aquelas que estudaram a vida num livro. São as que a viveram. Você jamais será curado se não aplicar o seu sofrimento para curar seu semelhante. O ministério dá sentido ao sofrimento. Ele aumenta o abismo entre o então e o agora e anuncia a quem causou a dor: estou curado.

Irmãos, quanto a mim, não julgo havê-lo alcançado; mas uma coisa faço: esquecendo-me das coisas que para trás ficam e avançando para as que diante de mim estão, prossigo para o alvo, para o prêmio da soberana vocação de Deus em Cristo Jesus.

Filipenses 3.13-14

O passado ficou para trás, portanto, sepulte-o. Você tem autoridade para libertar-se do passado em nome do Senhor e deve agora prosseguir para o que a espera! Saber quando o sofrimento morreu é que nos liberta para ajudar outros com esse testemunho. O testemunho é o que lhe resta quando a prova termina. Enterre o passado. Jogue sobre ele a terra da ajuda aos outros, e ele morrerá diante dos seus olhos.

Alguém precisa de você neste momento. É uma emergência. Não fique se lamentando, mas comprometa-se. Do outro lado do seu silêncio há uma fonte que sacia as almas feridas da humanidade sofredora. Você pode decidir não compartilhar detalhes. O importante é que ajude outros que estão lutando com o que você passou e sobreviveu.

Ao aproximar-se das crianças, você talvez possa ouvir novamente o som dos passinhos, seguros e sadios, fortes e calmos. Sinto a falta do som desses passinhos, crianças saudáveis, lares felizes e passeios em família, e você?

Graça para ser uma dama e força para resistir

Mulher virtuosa quem a achará? O seu valor muito excede o de finas joias.

Provérbios 31.10

O TERMO HEBRAICO TRADUZIDO COMO "VIRTUOSA" É *CHAYIL*. Algumas versões da Bíblia traduzem-no como excelência, enquanto outras o definem como resistência, habilidade, eficiência e força.

Chayil é o nome que Deus dá à mulher que age corretamente. "Ela é *chayil*", diz o escritor em Provérbios 31.10, cuja descrição se tornou a síntese da virtude cristã em forma feminina. Esta mulher é uma estrela. Uma mulher nota dez! É simplesmente o máximo. Melhor ainda, ela é *chayil*! É cheia de força e sabedoria, tem o poder de um exército!

Essas não são palavras empregadas para descrever uma moça pudica, frágil, que não tem ambições nem objetivos. Trata-se de uma mulher progressista, ativa, mas, quando a estudamos melhor, vemos que é incrivelmente equilibrada.

O equilíbrio é a coisa mais difícil de obter, mas o ingrediente mais necessário quando aspiramos ao sucesso. Ser equilibrado é ter e manter todos os elementos na proporção adequada. Todas as partes da sua vida, todos os aspectos da sua personalidade precisam ser plenamente desenvolvidos.

Se uma área se mostrar deficiente ou excessiva, você não terá equilíbrio. Inclinar-se demais na direção de uma coisa ou afastar-se muito de outra faz você cair. Em vez disso, empenhe--se em dar atenção a cada aspecto em igual medida e ficará equilibrada.

Não deveria ser este um alvo para toda mulher e todo homem? É o seu alvo? Deveria ser quando espera ser uma mulher excelente. Você talvez pense que a mulher excelente teria de ser alguém que já se expôs a todas as vantagens sociais de educação e classe. Pode imaginá-la assistindo atentamente a balés e oferecendo incontáveis chás para várias e prestigiosas fundações de caridade. Quem sabe até pensa que lhe pediriam para recitar poemas e estender o dedo mínimo ao tomar chás exóticos em xícaras de porcelana chinesa.

Não estamos, porém, falando simplesmente de definições sociais de excelência. Nem estamos querendo imagens que não descrevam necessariamente qualidades interiores, tais como resistência e força.

A excelência é uma ambição, não um sobrenome aristocrático. Trata do destino da mulher, não da sua origem. A excelência fala da sua autopercepção e dos padrões dos quais não se desviará. A mulher excelente traça uma linha na areia e diz: "Nada menos que isto será aceito em minha vida daqui por diante!". Ela sabe o que merece e trabalhará sem descanso para obtê-lo. Não desanime se falhou ou recaiu no passado. A excelência não se baseia no desempenho passado. É um título dado a alguém que persistiu e superou as adversidades.

A mulher excelente está equipada com um mapa rodoviário marcado, e o seu destino já foi decidido. Essa mulher tem um plano de vida. Não está vagando sem rumo e esperando ser encontrada por alguém. Está no caminho que alguns chamam de estrada menos percorrida — e só os grandes viajarão por essa estrada.

Essa mulher sabe exatamente para onde quer ir. Há algo de especial nela. Alguns chamarão isso de arrogância, outros rirão às escondidas dizendo que ela se esqueceu das suas origens. Mas estão enganados. É a lembrança de onde esteve que lhe dá forças para levantar-se e continuar caminhando.

A mulher excelente é como um animal de raça, gracioso e forte, uma criatura de rara beleza. É uma vencedora. Um diamante que começou como carvão e se transformou em joia. É tão rica em classe quanto o vinho branco servido numa taça resfriada, com haste em tons de ouro revolvida entre os dedos. É um prodígio requintado que esta geração raras vezes contempla. O que posso dizer? Ela é simplesmente uma dama.

A dama é uma espécie em extinção. Como o cavalheiro — sua contraparte masculina — é difícil encontrá-la. Ser um cavalheiro é mais que ser um homem. Do mesmo modo, ser uma dama é mais que ser uma mulher. A verdadeira dama é única e valiosa. A educação requerida para produzi-la foi considerada fora de moda e irrelevante.

A dama veio a ser substituída por uma caricatura mais moderna, menos bondosa, malfeita, mal ajustada e grosseiramente competitiva. A dama é uma mulher sensível, moderada, competente, com ambições, mas que possui também classe e fineza. É uma mulher com um sonho. Ela é a prima-dona imaculada dos dias que se foram. Sua falta é tristemente sentida.

Sei que quando começamos a falar de elegância e usamos termos como imaculada, você logo se lembra do predomínio masculino e da opressão histórica das mulheres. É verdade que as mulheres nem sempre foram tratadas com justiça. Os homens com frequência se aproveitaram deslealmente de seu comportamento amável e casto. Todavia, é a atitude do homem que precisa ser corrigida, e não a da mulher. Devemos ser como o florista que remove os espinhos da rosa, mas deixa as pétalas. Não há meio de cortar as partes espinhosas da vida e manter as fragrantes?

Quando procuramos a mulher excelente, há uma coisa que considerar: a possibilidade de ela ter sido sufocada na rebelião característica das espécies que sofreram abuso, que foram negligenciadas ou pouco apreciadas. Os dias gloriosos do passado foram cheios de preconceitos e injustiça em relação à figura feminina. Infelizmente, o clube dos velhos companheiros continua vivo e ativo.

A mulher sofreu abuso e maus-tratos incomensuráveis e, para se defender, viu-se obrigada a tornar-se uma guerreira, insensível ao mundo que a prejudicou. Entretanto, por trás da máscara ou exterior enrijecido, há um núcleo suave que ela oculta do público. Ela tem medo de expô-lo. Da última vez que o mostrou a alguém, acabou machucada e, portanto, viceja e progride agora sufocando a sua feminilidade e sepultando a sua compaixão.

Sei por que a dama não mais se mostra, mas, ó Deus, mesmo assim a ausência dela é sentida. Sei que o seu desaparecimento foi um ato de desafio e talvez de frustração. Sei o que a opressão pode fazer. A minha geração estava ocupada com várias revoluções. Íamos mudar o mundo.

Posso lembrar-me de todos os *hippies* que dirigiam fuscas amarelos com o sinal da paz no para-choque. As mulheres queimaram os sutiãs. Os rapazes deixaram de usar roupa íntima. O amor livre e a harmonia planetária eram as mensagens do momento.

De alguma forma, após a guerra do Vietnã, descobrimos que o fusquinha havia enferrujado, as calças apertadas começaram a irritar nossas virilhas, e ficamos mais interessados em aterrissar na lua do que nos harmonizar com os planetas. De repente, ouvimos pelos meios informais de comunicação que precisávamos de *respeito*. Os Jacksons não eram mais cinco. Os Beatles se separaram, o mercado de ações subiu e logo O.J. Simpson significaria mais para os jornais do que as notícias de economia. Enquanto isso os juros se elevaram, Jimmy Hendrix sofreu deflação e, que pena!, Elvis deixou o palco.

Que dias foram aqueles, meu amigo. Que época desafiadora para viver! A realidade começou a manifestar-se e fomos nos acomodando. Precisávamos de emprego, os seios precisavam de sutiã, e compreendemos que os direitos civis talvez não se acertariam com a passeata seguinte. As mulheres começaram a se redefinir, enquanto os homens caíram num certo esquecimento unissex. Estamos agora em algum ponto da zona crepuscular do divórcio e da gravidez na adolescência.

Em meio à confusão que criamos, nosso desejo no momento é a volta dos antigos valores. Queremos a rosa dos tempos mais simples. Podemos obtê-la? Não tenho certeza. Devemos, porém, empenhar-nos em recapturar a fragrância da rosa sem ser picados pelos espinhos.

Muitos sentiram a terra mover-se sob os seus pés, e quando ela finalmente parou, eles haviam mudado para sempre. Algumas mulheres se casaram e se divorciaram. Outras foram estupradas e rejeitadas. Os terremotos da vida fizeram enormes estragos. Mas somos sobreviventes e compreendemos hoje o que nossos pais sabiam há trinta anos.

Infelizmente, quando se entende o enredo da vida, o filme está quase acabando e os nomes dos produtores e dos atores vão surgir na tela. Quem algum dia imaginou que os "meninos-prodígio" dos anos setenta seriam pais grisalhos um dia? O tempo está correndo.

Não há mais tempo para brincadeiras agora. É tarde demais. Você pode ocultar quem é, mas não pode mudar o que é. Você foi criada para ser o tom mais suave do azul. Muitas mulheres agora estão deprimidas porque há outra mulher em seu íntimo gritando: "Deixe-me sair!". Essa mulher está cansada de usar a máscara do desdém! É preciso deixar livre a suavidade que a nossa geração parece estar empenhada em enterrar.

Não importa o passado doloroso, você deve abrir seu coração ou irá sufocar a sua criatividade, matar seus sentimentos e reduzir ainda mais os breves momentos da vida que possui, vivendo num vácuo, com medo da dor.

Vaga: Inscreva-se lá dentro

> Então o SENHOR Deus fez cair pesado sono sobre o homem, e este adormeceu; tomou uma das suas costelas, e fechou o lugar com carne. E a costela que o SENHOR Deus tomara ao homem, transformou-a numa mulher, e lha trouxe. E disse o homem: Esta, afinal, é osso dos meus ossos e carne da minha carne; chamar-se-á varoa, porquanto do varão foi tomada.
>
> Gênesis 2.21-23

O homem foi criado com a mulher oculta em seu ser. Deus extraiu então habilmente dele essa parte escondida chamada mulher. Ela foi "tomada dele". Sua remoção deixou um vazio, e isso dá lugar à atração do homem por ela.

A mulher passou a ser o lado mais suave do homem, a sua ternura e aquelas emoções que ele não podia compartilhar. As lágrimas não derramadas, a paixão que ele não se permitia sentir, a trêmula compaixão que jamais expressaria.

Quando o homem faz amor com a mulher, está na verdade abraçando o lado mais suave de si mesmo. Segura nos braços tudo o que é incapaz de dizer, e ama, toca, acaricia a parte de seu ser que desejaria que fosse abraçada; se for sábio, fará isso com todas as suas forças. Ternura, sensualidade e paixão irrompem quando ele passa a conhecer que, de alguma forma, está fazendo amor com o lado mais terno de si mesmo.

> Assim também os maridos devem amar as suas mulheres como a seus próprios corpos. Quem ama a sua esposa, a si mesmo se ama. Porque ninguém jamais odiou a sua própria carne, antes a alimenta e dela cuida, como também Cristo o faz com a igreja.
>
> Efésios 5.28-29

Homem algum sente alívio ao apertar nos braços uma mulher que tenha as mesmas características que ele tem. De fato, a atração que sente por ela se baseia na parte que lhe falta. Ela é a costela removida que deixou vazio o seu lado. Quando se une a ela, sente-se praticamente completo. Ela não foi criada homem. Deus já tinha feito o varão. Ela é a beleza esplendorosa, multifacetada, a terna rosa. É o que a Bíblia chama de sua glória. É Eva. Uma mulher criada!

> Eu dormia, mas o meu coração velava; eis a voz do meu amado, que está batendo: Abre-me, minha irmã, querida minha, pomba minha, imaculada minha, porque a minha cabeça está cheia de orvalho, os meus cabelos das gotas da noite. Já despi a minha túnica,

hei de vesti-la outra vez? Já lavei os meus pés, tornarei a sujá-los? O meu amado meteu a mão por uma fresta, e o meu coração se comoveu por amor dele. Levantei-me para abrir ao meu amado; as minhas mãos destilavam mirra, e os meus dedos mirra preciosa sobre a maçaneta do ferrolho.

Cântico dos Cânticos 5.2-5

Você foi criada para ser o que deveria ser se a vida não a tivesse endurecido. Não permita que o inimigo roube a essência e leve embora a fragrância da sua rosa. Sei que estava cansada de ser ferida, mas não é também verdade que já cansou de se ocultar? Não está desistindo de pôr de lado as coisas criativas que gostaria de fazer? Não se cansou de esconder qualquer sinal de preocupação por trás dessa armadura de executiva de sucesso que você usa?

Parte da sua cura exige que você saia do esconderijo e se coloque na luz. Fique de pé ao lado de Deus, que a criou como você é por uma razão. Você jamais cumprirá o seu destino vestida com as roupas de outra pessoa. Precisamos de você. A sua ausência cria um vazio que deve ser preenchido.

A liberação da mulher não é um movimento. É uma mentalidade. Deve ser a mentalidade que liberta a mulher, não apenas da opressão, mas também do medo de explorar sua sensibilidade e sua singularidade. A libertação começa quando você fica livre de si mesma e reconhece que a força da mulher é diferente, mas não inferior à do homem. A força da mulher vem envolta em seda, mas não deixa de ser força.

Na juventude, ela se cobria de laços e babados. Na idade adulta, mostrou com classe o seu perfil. Na maturidade, era reservada e serenamente confiante. Você a viu? Lembra-se dela? Ou será que desapareceu na noite, sem ser notada? Alguém percebeu que estamos perdendo uma geração de mulheres que se transformou diante de nossos olhos em um substituto mutante, sintético, do que era antes? Isso me faz lembrar de um filme de horror à meia-noite. Os corpos ainda estão ali, mas as entranhas foram retiradas.

É como se algo estranho estivesse arrebatando a essência das nossas mulheres. Talvez não tenha roubado nossas mães, filhas e esposas. Talvez o resultado de tanto sofrimento, tantas perguntas e tão poucas respostas é que nos deixou com grampos nas gavetas, meias na pia, mas nenhuma dama de pele macia e perfume suave para abraçar à noite.

Alguém já notou que o brilho está morrendo nos olhos dela? Ninguém se importa que a alegria tenha desaparecido do seu sorriso? Não é um crime contemplar a destruição do seu coração vivo e vibrante? Ela é a alma do lar. É o coração do casamento. É a esperança dos filhos e o apoio de seu amado, seu marido, seu homem!

> Ela faz roupas de linho fino, e vende-as, e dá cintas aos mercadores. A força e a dignidade são os seus vestidos, e, quanto ao dia de amanhã, não tem preocupações. Fala com sabedoria, e a instrução da bondade está na sua língua. Atende ao bom andamento da sua casa, e não come o pão da preguiça. Levantam-se os seus filhos, e lhe chamam ditosa, seu marido a louva.
>
> Provérbios 31.24-28

Essa mulher foi sequestrada pela sociedade. Resgatada por mais dinheiro, direitos iguais e um escritório. Tem direito a tudo isso e mais ainda, mas a luta para vencer a exauriu e nos negou a sua beleza. Devemos reconquistá-la. No entanto, isso não será possível se ninguém notar a sua falta.

Afirmo que você verá o ressurgimento de mulheres que estão comemorando a feminilidade. Elas terão sucesso e o respeito de executivos e gozarão também da maternidade e da família. O mundo da mulher se ampliou. As mulheres podem avançar, conseguir mais coisas e continuar femininas.

O mais importante, entretanto, é que as mulheres cristãs serão inspiradas pela sua fé e abastecidas pelas suas convicções. Elas serão capazes de obter o que lhes foi negado antes. Você verá homens se levantando e abençoando as mulheres, dizendo: "Ela é a minha estrela".

Há anos o inimigo vem tentando travar uma guerra entre os sexos. Ele tentou isso em nossas salas de conferência, nossos quartos e até em nossos púlpitos. Devemos compreender que fomos designados para trabalhar juntos. Nossa força está na diferença de nossas estratégias. O erro do passado é a opressão da mulher pelo homem, mas o erro do futuro é este espírito pelo qual a mulher imita a força masculina, e acabamos perdendo o lado criativo das perspectivas femininas!

Os desafios dos nossos dias talvez tenham afastado todas as esperanças de reavivar a gentil feminilidade que antes se sentava nas varandas e tomava chá, enquanto uma brisa suave soprava em dias mais amenos. Mas por trás dos terninhos masculinos e do exterior duro, você não consegue ouvir os gritos do coração de muitas mulheres que gostariam que a vida lhes proporcionasse, outra vez, o luxo de serem mimadas por cavalheiros que as consideram delicadas demais para serem expostas às conversas vulgares e comunicações ruidosas?

A dama não é uma baixa de guerra? Não é vítima da debilidade masculina e do caos dos tempos? Será ela o triste resultado de uma vida de excesso de trabalho e nenhuma recreação? Ela é a fatalidade resultante de inúmeras promessas vazias. Faz um regime deficiente em amor que se transformou em anorexia da alma. Uma vida de dias angustiados e condições adversas levou embora a dama de que todos precisávamos.

A dama foi substituída por uma atitude severa e uma vontade férrea. Mas, tarde da noite, todos lamentamos a sua perda. Ela mesma lamenta a morte da esperança e do otimismo que antes envolviam sua vida como um cobertor quente numa noite fria de inverno.

Não seria tão terrível se só os homens sentissem sua falta. Mas já observei os olhares rápidos no espelho e os olhares demorados pela janela e sei o que poucos homens compreendem. Ela está de luto pela perda da mulher que gostaria de ser. Está de luto pela perda da mulher que começou a ser. Ela é forte. É uma sobrevivente, mas, mesmo assim... por trás do exterior castigado pelo tempo, o coração está de luto.

Ela será chamada mulher

Isto pode parecer loucura para a garota que sobreviveu às ruas com sua presença de espírito. Ela não pode perder tempo entregando-se a devaneios sobre amores perdidos e necessidades ocultas, pois se disciplinou a resistir. Doutrinou-se a não pedir e a não necessitar e, sempre que possível, a não chorar. Isto pode parecer quase nada para a mulher que criou os filhos sozinha, trabalhando em dois empregos, banhando a pele macia com as mãos calosas do trabalho pesado. Parece dispendioso demais para considerar, elevado demais para contemplar, na mente de alguém cuja vida tem sido explorada e para quem a sociedade tem-se mostrado indiferente. Permita entretanto tomarmos este momento para fantasiar um pouco.

Vamos ficar de mãos dadas enquanto caminhamos por uma trilha comprida e sinuosa que penetra na necessidade intrínseca do coração humano? Continuemos andando para muito além do pavimento frio da nossa sociedade indiferente, de volta ao jardim florido do plano magistral do Criador.

Vamos seguir a trilha de uma verdade contida nas páginas finas das Escrituras Sagradas. É triste termos produzido uma geração de inquiridores que buscam por toda parte respostas, em vez de examinar o manual do proprietário, o plano para a vida, a enciclopédia para a sobrevivência e a bússola para guiar — a Palavra de Deus.

A Palavra de Deus nunca foi plenamente apreciada pelo seu propósito medicinal de tratar as almas doentes de uma humanidade depravada. Isso descreve todos nós que, em várias formas e graus, fomos mutilados pelas sombrias tragédias da vida. Ela é a grande emancipadora dos escravos e dos desprezados. Não é menos libertadora para as mulheres. A sua verdade, embora entremeada de deveres e restrições, pretende em síntese ajudar a mulher a alcançar a maior liberdade que já conheceu.

A Bíblia foi escrita a fim de assegurar ao coração feminino os limites e as restrições necessários para evitar que ele seja explorado. Ela realmente ensina submissão. Ensina-a sem desculpas. Mas quem conhece a vida dirá que todos nos submetemos a alguma coisa, e em geral a alguém. A Bíblia adverte, entretanto, que a mulher deve submeter-se a um homem pelo casamento, não por causa do sexo, mas por causa da sua posição que lhe dá cobertura e proteção. Ele está ali para protegê-la. É a pele em que ela se enrola e se aquece. Ele é o homem a quem ela escolhe ao aceitar o convite que lhe faz.

O convite só deve ser aceito quando ela sentir que ele tem capacidade para amá-la como Cristo amou a igreja. Ou seja, ele se sacrifica e dá de si mesmo a ela. Quem não se submeteria, honraria e obedeceria, entoando votos a noite inteira a esse príncipe? Diga-me você, modernista, quem não se submeteria a um amor assim?

Ao ser criada, Eva foi introduzida na face do planeta como uma noiva carregada nos braços do noivo ao cruzar a porta da sua nova casa. Ela só foi criada depois que todas as suas necessidades foram supridas. A mulher é o auge da criação, o *grand finale*. Era diferente da sua contraparte masculina, que recebera tudo ao ser criada, menos uma companhia.

Eva teve de esperar até que todas as coisas estivessem em seu lugar e o cenário preparado. Ela só entrou no palco depois que todos os suportes tinham sido examinados por um Deus que se importa o bastante para dar o que é melhor e tem percepção suficiente para saber a hora oportuna para apresentá-la dentro do compasso de tudo que havia criado.

Seu pano de fundo era a terra. A única coisa que cobria sua pele macia, acetinada, eram os raios amarelo-brilhantes do sol. Durante a noite, o luar a envolvia com mãos ternas e brilho radioso. Ela provavelmente tomou banho na cascata de um rio de águas borbulhantes. Enquanto corria, suas coxas fortes roçavam a grama alta em uma sinergia que não pode ser adequadamente descrita.

Embora tivesse sido criada por último, a mulher não foi de forma alguma resultado de uma reflexão posterior. Resultou de um plano detalhado e minucioso. Deus projetou os ciclos e os sistemas dela. Desenhou seus seios e sua função. Até seu acompanhante foi feito compatível com ela e por ela atraído. Não havia conflito a ser solucionado. Ela era a menina dos seus olhos. Era a energia em seus passos e a força em seu corpo. Possuía a mesma composição que ele e, nos seus braços, o amor encontrou a sua definição. Não foi deixada desfilando sozinha.

Seu acompanhante era o primeiro e o único filho criado de Deus. Eva foi o primeiro útero que conheceu. Ele não nascera de um útero, nem em pecado egoísta, nem moldado na iniquidade. Saíra das mãos do próprio Deus. Seu nome era Adão — príncipe do palácio da vida. Sua carne forte, o bíceps vigoroso e o peito largo faziam com que se destacasse de toda a outra vida no jardim. Suas pernas compridas e bem-feitas, porte altaneiro e presença de comando mostravam a qualidade superior devida às instruções de Deus, tendo sido ensinado apenas na sua presença.

Ele andava pelo jardim como se fosse o comandante de tudo, e de fato o era. Seu campo de ação eram as montanhas e seus quartos ficavam junto aos rios caudalosos do Eufrates.

Eles se amavam? Você pergunta. Claro que sim! Ela foi criada especialmente para ele, para satisfazer todas as suas necessidades e desejos. Quem a formou fez isso com ele em mente. E Deus ensinou Adão a amá-la. Os interesses de ambos foram satisfeitos em um só ato! Um ato tão surpreendente que os anjos ficaram espantados e as estrelas brilharam como se os seus olhos estivessem molhados de lágrimas. Esse foi o casamento do universo.

O fruto do amor entre o homem e a mulher povoou o planeta, criou o automóvel, pesquisou o átomo, forjou a ciência, voou pelo ar e explorou a galáxia. Quando terminou, ele disse o que todos os amantes dizem quando o amor é certo e a noite prazerosa: "Foi muito bom". Uma declaração os libertou e os dois se tornaram para sempre um só. O amor, com a aprovação de Deus é muito melhor do que sem ela. Afinal de contas, ele o inventou para nosso bem e glória sua.

O homem que Deus escolheu para a mulher não era fraco. Talvez fosse manso, mas não era certamente um fraco, e não estava *abatido*. Nunca dá certo quando a mulher se casa com um homem pensando que a presença dela é necessária para resolver o problema dele. Se ele já estava ferido quando se conheceram, não poderá ser curado quando se casarem. Quando Adão foi apresentado a Eva, era um homem pleno. Ela deveria ser um acréscimo à pessoa dele, um suplemento. Deveria ser-lhe uma "ajudadora idônea". Não é, porém, possível ajudar alguém que não esteja pronto para isso!

> Disse mais o SENHOR Deus: Não é bom que o homem esteja só: far-lhe-ei uma auxiliadora que lhe seja idônea.
>
> Gênesis 2.18

Adão era a autoridade quando ela o viu. Os cômodos para ela estavam preparados e seu jardim repleto de chorões e lírios novos. As rosas exalavam seu perfume, e o aroma suave da madressilva enchia o ar quando o Senhor apresentou a primeira noiva ao primeiro noivo, e os céus bateram palmas. Ali estava ela, a única, a estrela em carne e osso, o centro macio de uma rosa em botão.

Ao olhar pela primeira vez a carne feminina, sensual e sensível, Adão só pôde exclamar: "Varoa!". E era isso que ela era. Era uma mulher. Moldada do mesmo barro, estranhamente semelhante ao homem, mas completamente diferente. Sua singularidade o deixou curioso; sua semelhança o consolou. Ele não podia deitar-se com os animais ou as aves, eram muito estranhos a sua composição. Mas aquela moça cheirava como suave alimento para um coração faminto. Era uma mulher. Era a sua dama.

Logo a mulher foi chamada para mais do que amor e romance. Foi chamada para ajudar a Deus na criação. Foi chamada para ser mãe. Convocada para outra espécie de amor — o amor maternal, em cuja direção as mulheres acabam gravitando.

Um dos mais difíceis desafios enfrentados pela mulher talvez seja a tarefa de equilibrar seu papel de amante com o de mãe. Num momento, tanta coisa muda. De esposa para mãe, de um casal para uma família. Ontem, Eva era a amada de Adão, sua companheira, sua dama. Hoje, ela está trocando fraldas e amamentando filhos. O tempo que antes era só de Adão é agora compartilhado com seus deveres de mãe.

Embora uma criança traga grande alegria a um lar, também introduz grandes mudanças. A mulher fica às vezes dividida entre seu papel de esposa e sua tarefa de mãe. Isto é algo que o homem nem sempre compreende. Tudo o que sabe é que a sua dama não está ali quando se vira na cama à noite. Ela está muito cansada ou embalando o berço. Ele se sente às vezes sozinho, e sua solidão se torna uma fonte de contendas.

Muitas vezes ele comunica mal seu amor por ela com palavras que soam como frustração. Se apenas alguém pudesse expressar para ela o verdadeiro significado do que ele quer dizer: "Querida, sinto sua falta. Sinto-me só sem você. Amo a mãe em você, mas ainda preciso da amante em você".

Sabemos que precisamos conversar, mas o que não sabemos é que os homens e as mulheres falam línguas diferentes. Muitos casamentos são destruídos por não se falar a mesma linguagem. Passei mais tempo interpretando para os casais do que os aconselhando. A maioria não conhece a linguagem um do outro mesmo depois de anos de casamento.

O desafio do homem é comunicar a sua dama aquilo que ele se sente acanhado em admitir. Isto é difícil. Como ele pode dizer-lhe que tem ciúmes do próprio filho? Não se trata necessariamente de ciúmes, mas é isso que vai parecer, não é? Como poderá dizer-lhe que está cansado de vê-la cansada, sem que suas palavras soem egoístas? Ele faz então o que a maioria dos homens com problemas complicados faz: sepulta-os no silêncio. A cada dia, o brilho foge de seus olhos e o silêncio sela seus lábios. Os amantes se tornam parceiros e a tensão cresce.

A primeira pergunta que um homem enfrenta é esta: Uma mãe pode continuar sendo a minha dama? Essa não é a única pergunta. Há outras. Tais como: A mulher ocupada em seu trabalho fora de casa pode continuar sendo a minha dama? A participante da diretoria da associação de pais e mestres, a motorista de crianças em rodízio, a mãe que vai ao futebol do filho pode continuar sendo a minha dama? Essas são as indagações que os homens não têm coragem de fazer. Quando chegam a fazê-las, em geral acabam discutindo.

O homem chega a intimidar-se, às vezes, com o interesse da mulher pela igreja. Ele não se aborrece com o envolvimento espiritual dela, apenas sente a sua falta. Não sabe como dizer-lhe como está cansado de ouvir elogios ao pastor ou como ela desejaria que ele fosse mais considerado, como o pastor. Desse modo, em vez de se queixar, ele faz justamente o contrário do que ela pede. Fica emburrado ou zangado e aos poucos se transforma, não sendo mais o homem com quem ela se casou, a ponto de a esposa perguntar como Deus perguntou: "Adão, onde estás?".

> De noite, no meu leito, busquei o amado de minha alma, busquei-o, e não o achei. Levantar-me-ei, pois, e rodearei a cidade, pelas ruas e pelas praças; buscarei o amado da minha alma. Busquei-o e não o achei. Encontraram-me os guardas, que rondavam pela cidade. Então lhes perguntei: Vistes o amado da minha alma?
>
> Cântico dos Cânticos 3.1-3

Quando Adão está ausente, a dama sente-se perdida. Ele é a música para a qual ela foi criada, ela é a harmonia que cerca a sua melodia. Se a melodia dele para, a harmonia dela desaparece e o concerto termina em silêncio. Quem sabe exatamente o que ocorre? Todas as noites, enquanto ele dorme, ela se pergunta: "Adão, onde estás?". Ele desperta pela manhã, relanceia os olhos para a esposa e pergunta: "Mulher virtuosa quem a achará?". Eles perderam um ao outro e a música que enchia o jardim se torna um ruído nas ruas!

O homem em geral desaparece em seu trabalho, em seu ministério, ou em sua amante. A mulher apenas se lança em outras ocupações. É afinal uma "ajudadora". Foi destinada a ter uma visão, se não for a dele ou a de outra pessoa, por que não a sua própria? Então começa a andar em círculos e onde irá parar ninguém sabe.

Finalmente, quando a vemos de novo, está sozinha — sozinha com dois filhos adolescentes, um apartamento de três quartos, uma cama vazia e um armário cheio de roupas. A dama está muito longe dos dias em que dançava nua ao sabor do vento noturno nos jardins do Éden. Ela saltou da cozinha para o tribunal, do dormitório para a sala da diretoria. Sua vida se transformou. Ao fazer um retrospecto, ela sorri, pois em meio a tudo isso Deus foi bom. É a sua vez agora.

Chegou o momento de emergir. Mas ainda falta alguma coisa. Ela é como uma parede nua num lindo museu; ficamos imaginando o que teria estado ali, o que deveria estar ali. Ela diz que não importa — mas será que não importa mesmo?

Uma mulher equilibrada 5

A MULHER CRISTÃ PROCURA O EQUILÍBRIO. Ela sabe que a única maneira de completar-se é manter o equilíbrio. Não se inclinará nem para a direita nem para a esquerda. Suas mãos delicadas seguram com firmeza o leme que manobra o navio, impedindo que o seu curso seja comprometido por suas ambições ou alvos. Ela busca uma prova positiva de que é possível receber a atenção do cônjuge e o respeito de seus contemporâneos. Por que não ter tudo? Isso é excelência.

A mulher de Provérbios 31 tem tudo. Mas o equilíbrio é difícil de alcançar. Não é só o tempo que precisa ser equilibrado; cabe à mulher a tarefa exaustiva de equilibrar seus diversos papéis. Deve trocar de roupa com a rapidez de uma manequim e mover-se de cena em cena sem confundir suas funções.

Depois de sentir-se como um burro de carga o dia inteiro, de ser mãe a tarde inteira, é difícil transformar-se em um pote de mel à noite. Essa tarefa só pode ser realizada se a mulher se aquecer à luz da palavra de Deus e buscá-lo para aprender maneiras criativas de equilibrar-se. E isto não pode ser feito sem oração. Não pode ser conseguido sem Deus. É possível que o Senhor tenha determinado que a vida fosse assim: completamente inatingível sem ele. Talvez soubesse que se pudéssemos navegar com sucesso sem a sua ajuda, nos envolveríamos de tal forma nas coisas que recebemos dele, que acabaríamos nos esquecendo do Doador.

Ele é antes de todas as coisas. Nele tudo subsiste.

Colossenses 1.17

Precisamos de Deus para obter as coisas, mas também necessitamos dele para manter o que obtivemos mediante as suas bênçãos. A oração de hoje é simples: "Senhor, ajuda-me a cumprir minha tarefa". Diga isso baixinho pela manhã. Sussurre essas palavras durante o dia. Elas são o complemento espiritual dos campeões. A fonte secreta da força para as mulheres virtuosas. O poder da oração simples, consciente de Deus, é tudo de que precisa. O importante é dizer-lhe: "Senhor, preciso de ti!". Ficamos tão ocupados pedindo coisas que às vezes nos esquecemos de pedir-lhe, mas é ele que tem tudo nas mãos.

Causa medo lidar com uma vida tão cheia que se derrama como uma xícara de café transbordante. O pires recebe os restos que a xícara não consegue reter. "Senhor", grita a mulher, "pegue o que não posso segurar e guarde até amanhã". Ele tem um meio de dar a todos que pedem uma graça que permite a cada xícara ter um pires. Se a sua xícara estiver transbordando, peça-lhe para ser o seu pires e apanhar o que está derramando. Lembre-se, porém, de recuperar o que ele pegou, pois a graça não dura muito tempo. Se segurou pela graça, você precisa resolver logo o assunto. Descubra uma estratégia para lidar com o que Deus lhe deu.

A mulher virtuosa deve usar muitos chapéus, mas nenhum apertado demais que não possa trocá-lo por outro. Ela passa pelas quatro estações durante a sua vida. Na primavera sua disposição é receber e no verão praticamente transborda. O estresse diminui no outono e, no inverno da vida, fica sentada na varanda e suspira por novas ocupações. Haverá um dia em que todos nós, homens e mulheres de igual modo, gostaríamos de ter os desafios que temos agora para ocupar nossos pensamentos. Esse estágio pode ser caótico, mas não dura muito tempo. Aproveite a loucura, organize os desafios e de vez em quando mude os chapéus.

Refrescada, reabastecida e com novo entusiasmo

O trabalho não deve tomar conta de você a ponto de fazê-la deixar de ser uma pessoa. Aprenda com os homens. Eles jogam futebol, riem, brincam e diversificam. Isso é essencial à sobrevivência. A dama deve, depois de cumprida a tarefa de mãe, colocar os filhos na cama, tomar um banho quente com sais fragrantes, ouvir música suave e agradável, liberar a tensão e entrar em outro estágio. Você tem outro estágio? Todos nós precisamos disso.

Ter uma única dimensão é enfadonho para os outros e fatal para o nosso bem-estar. Gaste tempo com você, crie maneiras para renovar o seu poço de água antes que outros o esgotem. Eles farão isso inocentemente e depois se queixarão que você ficou doente por não ter-lhes mostrado onde ficam os seus limites. Deus colocou limites no mar para que fossem conhecidos. Ele estabeleceu limites para você como filha dele.

> Ou quem encerrou o mar com portas, quando irrompeu da madre; quando eu lhe pus as nuvens por vestidura, e a escuridão por fraldas? Quando eu lhe tracei limites e lhe pus ferrolhos e portas, e disse: Até aqui virás, e não mais adiante, e aqui se quebrará o orgulho das tuas ondas?
>
> Jó 38.8-11

Tudo o que Deus cria tem limites. Embora você tenha muitas responsabilidades, e a Bíblia diga que para aqueles a quem muito é dado muito é exigido; mesmo assim, você precisa de descanso e de afastar-se da rotina. Se quiser manter o seu lado criativo, use cada um dos chapéus, mas saiba trocá-los com facilidade. Tenha cuidado para não se entediar demais. Se fizer isso, irá aborrecer as pessoas que antes a julgavam tão interessante. Mantenha-se viva diversificando os seus interesses. Quase todos os que têm vida longa possuem diversos interesses e são multidimensionais.

Você é mais do que as muitas funções que desempenha. Só assim pode desempenhá-las, transcendendo a sua tarefa. Não fique parada numa única dimensão. A dama é todas as coisas e precisa fazer muitas coisas, todavia permanece autônoma em relação ao que faz. Só porque pode fazer algo, não significa que deva ser esse algo. É preciso separar o que é do que pode fazer. Se não agir desse modo, pode ficar presa, identificada para sempre com o papel que representa.

Os outros só veem o trabalho que você faz e jamais reconhecem a pessoa que é. As coisas ficam ainda piores quando você perde de vista quem realmente é. Sua autopercepção se baseia apenas no papel que desempenha, mas quando esse papel não for mais exigido ou se não puder mais preencher essa função, você se perde porque não sabe quem é.

Isso faz pensar no atleta que passa a vida inteira treinando para jogar. Ele pensa consigo mesmo: "Por que me preocupar com a escola? Por que aprender um ofício? Vou ser um astro do futebol". Um dia então quebra a perna e não pode mais jogar. Num instante, tudo o que era deixa de existir.

O mesmo acontece com a mulher que tem filhos e se dedica completamente ao seu papel de mãe. Os filhos crescem e saem de casa, e ela fica sentada num ninho vazio, imaginando o que fazer em seguida. Talvez se volte para o marido e tente recomeçar a partir do ponto em que as crianças nasceram. Mas seu papel de esposa ficou vazio tanto tempo que ela se esqueceu de como exercê-lo, e o marido ficou cansado de esperar há anos e seguiu em frente sem ela. Essa mulher sente-se confusa, deprimida e sozinha. Passou tanto tempo sendo mãe que esqueceu como é ser mulher.

No casamento, a mulher tem de exercer muitas funções. Ela é companheira, amante, mãe e amiga. No espaço de poucas horas, se transforma de executiva em lavadeira, de lavadeira em leitora de histórias de ninar, e vai finalmente para a cama, onde pode relaxar e passar bons momentos à noite. Que desafio fazer tudo isso, mas também que perigoso ficar presa em um papel em prejuízo de outro! Equilíbrio é o segredo. E lembre-se de que todas essas funções são coisas que você faz e não o que é.

Com tantos papéis para desempenhar, a mulher deve ter cuidado para não se exaurir. Chega um ponto em que até a dama bem equilibrada tem de dizer: "Agora basta, estou cansada e preciso ser reabastecida". Pessoas diferentes são reabastecidas por coisas diferentes. Descubra algo que a reabasteça e revigore. Quer seja uma massagem facial ou a leitura de um bom livro. Dê uma fugida para isso. Não esqueça que só fazer retiradas e nenhum depósito deixará qualquer conta no vermelho.

Não fique zangada nem desapontada porque os que a cercam continuam a colocar pesos cada vez maiores em seus ombros. É sua responsabilidade mostrar que já tem o bastante. Ninguém é adivinho. Você precisa dizer isso a eles. Se nunca disser aos que a rodeiam: "Preciso tirar tempo para mim", vão achar que não precisa disso. A única maneira de suportar as exigências colocadas sobre você é saber quando levantar a mão e dizer: "Basta!".

É mais útil guiar as pessoas amadas para uma fonte eterna do que ser essa fonte eterna. Torne-se uma bússola, um guia, e evite tornar-se o destino final de todo o mundo. É sábio ser um meio e não um fim. Sirva, ame e depois guie os seus para alguém que nunca irá falhar. Compreenda que você não é Cristo, mas apenas uma estrela.

A mulher piedosa é uma estrela. Uma estrela que brilha na noite. Irá guiar tanto homens como mulheres para encontrar o menino Jesus. É a dama que ousa ser diferente dos outros. É suficientemente avançada para ser uma empresária, mas também bastante sábia para vestir seus filhos de humildade e embelezá-los com a sabedoria que aprendeu por meio das dificuldades da vida.

Este é o tipo de mulher que os homens procuram. Ela não precisa ficar muito disponível. É preciosa demais para ser previsível e à disposição de qualquer transeunte. Os homens podem ir atrás das mulheres lascivas, mas em geral não lhes dão valor nem se casam com elas. Tudo que é comum demais tem seu valor reduzido.

O homem deve sentir que você possui algo raro e sagrado. Algo frágil e especial que deve ser guardado e apreciado como um tesouro. Muitas vezes, se a mulher passou por muitos problemas, ela pode ter dificuldade em considerar-se valiosa. Você deve, porém, começar de novo e dar valor a você mesma como a alguém especial. Se não fizer isso, a história se repetirá.

Oro para que o seu passado não a endureça. Quero que seja renovada para resistir à tentação de tornar-se uma rocha de indiferença. Poucos homens sentem-se atraídos por algo duro e calejado. A mulher excelente não é um brinquedo com que os homens brincam; é o frágil vaso de cristal que todos contemplamos e admiramos.

O homem conhece a diferença. Seu linguajar muda na presença dela. A dama é a mesa com o sinal de "reservada". É uma obra marcada "não toque". É a inveja dos comuns e o objeto do conhecedor. É o alvo de sua filha e a joia de seu marido. Suas palavras atraem mais do que suas roupas. É rica, quer more numa favela ou num condomínio. Cobre-se com as joias dos olhos radiantes e o brilho da esperança.

A idade não a prejudica, porque ela é mais do que pele macia e ossos fortes. É tão distinta em seus cabelos brancos como o era na juventude. A classe é sempre eterna. Não é o ícone da época, um modismo tolo e fanático. Tome porém cuidado, senhora, com os vampiros da vida. As situações que surgem para todos como sanguessugas. Não permita que roubem o brilho de seu olhar e a esperança de seu coração. Cuidado com o maligno e todas as suas armas apontadas contra você.

Quando Deus cria a mulher no livro de Gênesis, a primeira profecia sugere que haverá guerra entre ela e Satanás para sempre. Ele a despreza e o sentimento é mútuo. A força sinistra das trevas apreciaria a oportunidade de invadir o tesouro da sua feminilidade e roubar as joias preciosas do seu coração. Ele a deixaria vazia se pudesse. Não permita isso. Compreenda que esse inimigo não aparece vestido de roupa vermelha e cauda. Nem de maneira evidente. É um ladrão. Veste-se para a noite. Embrulha-se no segredo e pode manifestar-se em sua vida como uma infância terrível ou um primeiro casamento nefasto. O diabo usa muitos trajes, mas seu propósito é sempre o mesmo.

Esconda bem o seu tesouro para que o inimigo não o encontre. Esconda-o tão longe que as rajadas chuvosas de vento não levem embora o seu desejo de futuras experiências. Se isso acontecer, você foi roubada, minha dama. Foi realmente roubada.

São muitas as mulheres roubadas. Na aparência são bem-sucedidas; mas, por dentro, não passam de pobretonas. A vida lhes tirou o otimismo. Não confiam em ninguém. Nada esperam e são difíceis de convencer. São as baixas de guerra. Perderam o seu tesouro devido a algum incidente penoso que arrebatou sua esperança. Mesmo depois de terminado o incidente e já existindo alguém novo em sua vida, ficaram tão machucadas que não podem mais abrir inteiramente o coração.

Ninguém pode bombear vida com um coração partido. É o mesmo que derramar perfume num frasco quebrado. Não importa quanto se coloque nele, o perfume sempre escoa. Se o seu coração foi quebrado pela vida, se o seu otimismo morreu na luta para persistir, eu o desafio; agora vou falar de ressurreição para você. A dor diminui e o medo desaparecerá. A vida ainda vale a pena de ser vivida para todos os que creem. Esta é a hora da recuperação. Você não pode recuperar-se se houver ódio ou negativismo. Saia das lembranças sombrias e entre na luz.

Você talvez tenha de proteger inicialmente o seu coração e colocar sua confiança e esperança em Deus. Em meio a um ataque violento, esconda-o em Cristo. Ele é a rocha em que os que sofrem podem esconder-se. É o refúgio das vítimas da tempestade. Ele não permitirá que o malfeitor a destrua de novo. Esconda nele o seu coração e ele irá curá-la, a fim de poder usá-la novamente. Vai curá-la até que possa confiar e amar outra vez. A vida sem paixão e amor é como um bife ressecado, que foi cozido a ponto de perder todo o suco e ficar amargo.

Guarde o seu coração, mas não oculte o seu rosto. Deus ainda não terminou sua obra em você. Ele tem um plano para você. Se perder o seu otimismo, o inimigo terá vencido. Coloque a sua esperança no poder de Deus. Coloque o seu futuro nas mãos dele. Você não sabe que Deus é sábio demais para deixar o seu destino nas mãos do inimigo? Não sabe que ele tinha algo especial em mente quando a fez? Preparou um papel específico que só você pode representar. Recuse-se a anular o plano dele só por causa da sua dor. Suporte-a como uma mulher ao dar à luz.

Saiba que a dor vai passar e a promessa será cumprida. Suporte-a sabendo que a dor não pode roubar o que o Senhor prometeu. A dor em geral é a parteira usada por Deus para ajudar-nos a dar à luz a grandeza que está afundada nas fibras de nossa alma. Essa dor é um alarme que anuncia à mulher que o nenê está chegando. Se você está sofrendo, talvez seja por causa da chegada do nenê. Essa criança é o destino que Deus está fazendo nascer em sua vida, e o sofrimento é um indicador seguro de que o seu parto está próximo. Não é hora para desmaios, querida dama. Agarre as beiradas do leito e empurre!

> Agora, por que tamanho grito? Não há rei em ti? Pereceu o teu conselheiro? Apoderou-se de ti a dor como da que está para dar à luz? Sofre dores e esforça-te, ó filha de Sião, como a que está para dar à luz, porque agora sairás da cidade, e habitarás no campo, e virás até Babilônia: ali, porém, serás libertada; ali te remirá o Senhor da mão dos teus inimigos.
>
> Miqueias 4.9-10

É o seu descendente que ferirá a cabeça do seu inimigo e não você. É por isso que não pode parar até que dê à luz tudo o que Deus plantou em você. Eu lhe digo, dama: Levante-se! Há um rei em seu útero e ele está infundindo vida em seu espírito. É o filho do destino, o descendente de amanhã e o vento da expectativa. Não aborte. Nutra essa criança, abrace-a, alimente-a, mas não a perca. Ela é o Rei. O Cristo em você. A esperança e a glória. De fato, você compreenderá que tudo de que precisa para sobreviver já está em algum lugar do ventre esperando o nascimento. Em resumo, você está grávida da sua própria libertação. O próximo empurrão poderá ser aquele que a livrará de todo o seu passado.

Começou a busca da mulher que quer entregar a sua geração uma virtude distinta. Ela é a fusão de Eva e Sara. Toda a sua geração será abençoada mediante a sua sobrevivência. Em cada geração e cada cultura há poucas mulheres tão bem dotadas que até os críticos aplaudem e derramam lágrimas em memória delas. Essas são as mães das massas. Nem sempre chegamos a conhecê-las, mas observamos a sua influência sobre o mundo.

A excelência dessas mulheres pode ser observada pelas lentes de uma câmera, é vista por intermédio da imprensa e cumprida em seus filhos. Essas são as damas de companhia que compõem o séquito da rainha! As damas cuja força delicada e comportamento digno transcendem as nossas diferenças e calam as nossas críticas.

Vimos lampejos de mulheres realmente fascinantes, mulheres que têm os olhos sábios e o toque amável que aquece a nossa alma como leite quente servido por uma avó nas noites insones. Essas mulheres, oriundas de vários ambientes e sugerindo opiniões e percepções morais diferentes, possuem um elemento requintado que transcende a diversidade.

Elas nos mostram como sobreviver ao sofrimento e suportar a tristeza. Sua força não diminui os homens, afirma-os. São delas os seios dos quais eles extraem a esperança. São as mães dos poderosos. Têm sido as mães da criatividade na vida de alguns a quem jamais chegarão a conhecer. Sua serenidade provoca reverência. São as estrelas na noite das suas gerações. Não podemos senão concordar com a verdade das suas palavras e cruzar as mãos na sua presença.

Lembro-me de minha mãe, uma mulher amável, com forças para construir um lar e poder para criar uma família. Recordo os dias da minha juventude. O cheiro dos biscoitos, o som do riso e o toque afetuoso eram acontecimentos diários. Aqueles foram dias em que o lar era uma realidade, não um mito, mais representado na tela da televisão do que na vida dos espectadores. Minha mãe pertencia a uma era de graça que desafiava a economia. Era uma dama, não por causa da abundância de bens que possuía, mas da abundância de classe que demonstrava.

Posso ver ainda o vestido simples, engomado, que pedira por meio de um catálogo. A cintura fina e a saia esvoaçante cobertas por um avental, enquanto caminhava pela casa como se fosse um castelo. Ela parecia não notar que o teto tinha goteiras, o chão rangia e a porta de tela precisava ser consertada. Mesmo assim emprestava à casa uma essência de feminilidade, transformando o prédio deteriorado em um ponto de atração que nos levava a querer voltar para casa. Por mais humilde que fosse, era o nosso lar.

Minha mãe era a dama que fazia a casa tornar-se um lar. Meu pai comprara a casa, e isso foi tudo o que pôde fazer. Ele a comprou e minha mãe a transformou em lar. Os lares não podem ser comprados; eles devem ser criados. Criados pelo coração de alguém que tenha os ingredientes do amor e da orientação familiar, os quais misturados à meiguice e à sensibilidade criam uma aura sobre a cabeça dos filhos e flutuam em suas mentes até a idade adulta.

Em termos simples, o que quero dizer é que você não precisa de um ambiente de cetim prateado para ser uma dama. Não precisa formar-se em uma universidade para ser uma mulher sábia. As damas não podem ser definidas simplesmente pela posição ou pela condição social. Algumas são casadas e outras solteiras. Algumas cuidam dos serviços domésticos enquanto outras são profissionais. Talvez seja sua autopercepção mais do que qualquer outro empreendimento materialista que as cria. É bem provável que a mística que enamora os homens e prende o coração das crianças seja criada pelo seu espírito.

Não tenho certeza. Tudo o que sei é que posso perceber os primeiros traços dela no riso de minha filha. Posso senti-la no toque da sua mão em meu ombro quando estou cansado. Posso vê-la em seus olhos castanho-escuros, profundos e brilhantes. Ela já está fazendo o curso "Dama 101!". Suas aulas começaram e as provas estão próximas. Ela deve ser protegida, não só das ameaças físicas como também dos ataques emocionais. Esses ataques podem ser devastadores e provocar incomensurável sofrimento. Devemos proteger nossas filhas para que possam tornar-se mulheres excelentes.

6 A dama: um jardim particular

A minha noiva querida é como um jardim particular, como uma fonte que é só minha e de mais ninguém. Você é como um pomar, carregado de frutos preciosos, cheirando aos perfumes mais raros; nardo e açafrão, cálamo e canela, e outros tipos de pó perfumado; mirra e aloés, e muitos outros perfumes deliciosos. Você é a fonte do jardim, uma fonte de águas correntes, tão refrescantes quanto os riachos das montanhas do Líbano.

Cânticos dos Cânticos 4.12-15, BV

A DAMA É UM CAMPO FÉRTIL. Seu terno coração é um solo arado há pouco que aguarda a semeadura. Ela tem em si o potencial da reprodução em massa. Sua mente é a incubadora de sonhos e o útero da grandeza. É irrigada quando ama e se desidrata ao ferir-se. Os que a amam a enriquecem e os que abusam dela a despojam. Aqueles a quem toca participarão da sua colheita. Ela será o fim da fome de alguém. É um jardim. É o lugar onde se sacia a fome. Onde os famintos se fartarão. É o lugar onde o solo rico produzirá alimento fértil e as vidas se enriquecerão por meio dela. O ponto focal daqueles que a amam e a inveja absoluta dos que não lhe têm amor.

A dama é verdadeiramente um jardim de amor e um campo em potencial que deve ser plantado com cuidado. Ela é tão vulnerável como o solo recém-lavrado. Aviso à dama: "Tenha cuidado com o que planta em seu jardim". Ou, melhor ainda, tenha cuidado com quem permite semear em seu jardim. Há coisas que não desejará ver plantadas em seu coração e em sua vida.

A Bíblia nos ensina que as palavras são como sementes, sempre que pronunciadas, produzem frutos. Faz-nos lembrar que nós cristãos somos gerados pela palavra. Isto significa que a nossa salvação resulta das palavras semeadas em nós. Esse é o motivo da pregação ser tão poderosa. Ela é palavra; é semeadura. Quase todas as grandes mudanças na história aconteceram como resultado de palavras pronunciadas. Se a história se altera por meio de palavras, pode ter certeza de que os indivíduos também se transformam mediante o poder delas.

Uma canção de ninar faz a seguinte pergunta: "Maria, Maria, rebelde, como vai o seu jardim?". Essa é uma pergunta séria que todas as Marias devem responder. Como vai o meu jardim? De onde vieram essas coisas que cresceram em minha personalidade e corrompem a integridade do meu propósito inicial? Você já se olhou e pensou: "Como foi que cheguei a esta situação?" Já viu parte da sua personalidade ficar sufocada pelas ervas daninhas das experiências negativas? Maria, Maria, você é rebelde, como chegou a ser assim?

> Então, vindo os servos do dono da casa, lhe disseram: Senhor, não semeaste boa semente no teu campo? Donde vem, pois, o joio? Ele, porém, lhes respondeu: Um inimigo fez isso...
>
> Mateus 13.27-28

Os sentimentos de revolta nascem às vezes das sementes plantadas pelas situações adversas. Elas são geralmente semeadas por pessoas e influências que nem sequer ficam para a colheita. Você se vê ceifando coisas que não plantou. Cada caso, relacionamento ou envolvimento extraconjugal que experimentou como mulher deixa algo para trás. As sementes que brotam de cada acontecimento nem sempre são facilmente arrancadas.

Você é um jardim, mas só o tempo dirá o que a colheita vai produzir. Se não gosta do que está crescendo, veja o que foi semeado.

Aquilo que o homem semear, isso também ceifará. Como o seu jardim cresce na verdade? As sementes semeadas em sua vida é que o fazem crescer. Se quiser mudar o que está crescendo, tudo de que precisa é mudar o que está sendo plantado ou pelo menos quem está fazendo o plantio!

Proteja diligentemente o seu solo das sementes corruptas. Muitas mulheres continuam sofrendo por causa de palavras irrefletidas, inoportunas. É perigoso permitir que as pessoas derramem seus males no seu campo. Eles crescerão em você muito depois de elas terem ido embora.

As sementes que você vê crescendo no campo da sua vida foram plantadas pelas circunstâncias ou por pessoas que disseram coisas a você. Eu a aconselho, com pisca-alerta e sinais de néon, a guardar o seu jardim com todas as suas forças. Tenha cuidado ao dar permissão para alguém falar em sua vida. É perigoso receber conselhos das pessoas erradas. Você deve evitar os que plantam sementes negativas e humilhantes. As sementes são piores do que os incidentes. Elas duram muito e dão fruto durante anos.

> Seis coisas o Senhor aborrece, e a sétima a sua alma abomina: olhos altivos, língua mentirosa, mãos que derramam sangue inocente, coração que trama projetos iníquos, pés que se apressam a correr para o mal, testemunha falsa que profere mentiras e o que semeia contendas entre irmãos.
>
> Provérbios 6.16-19, BV

A sétima coisa é acrescentada, não como adendo, mas como clímax para tudo que Deus despreza. Ele aborrece mortalmente os que plantam sementes de discórdia. A semente da discórdia pode não passar de uma sugestão ou implicação, porém, uma vez plantada, lança raízes e se alastra como uma infecção, crescendo como erva daninha e sufocando todas as flores do seu jardim. Essas palavras são sementes que produzem raízes amargas e envenenam o jardim. Há coisas que seria melhor você não ouvir.

Examine a sua vida e arranque o mato plantado pelas palavras de outros. Substitua-o pela palavra de Deus, pois essa palavra plantada no solo fértil de um coração aberto extermina as sementes da negatividade inatas em você. Há coisas que deve estar disposta a eliminar. Extirpe-as rapidamente. Palavras de ódio e ira produzem frutos de amargura e desconfiança. Remova essas sementes antes de germinarem e lançarem raízes.

Se as pessoas ao menos compreendessem que o abuso nem sempre é físico ou sexual. Um dos abusos mais difíceis de curar é o verbal. Ele é mais mortífero e perigoso do que qualquer outro. Infelizmente, muitos dos que atacam com palavras fazem isso com a certeza de que não serão processados, pois trata-se de um crime raramente percebido ou levado ao conhecimento de outros.

Para alguns não passa de um jogo de inteligência. É uma oportunidade para os que se especializam em palavras perversas mostrarem sua esperteza e rirem com ar de superioridade ao observar o resultado. É pena que não compreendam que a língua deles é rápida para ganhar o debate e letal para destruir o adversário. Se você for uma vítima, corra para a palavra de Deus e elimine as palavras de ódio. Se for o réu, encontre outro meio para aliviar a sua frustração. Suas palavras são mortais, mais poderosas que uma arma. Elas machucarão a alma e deixarão cicatrizes no espírito.

Sinto que ainda hoje algumas de vocês podem ouvir as palavras mordazes que apagaram todo sucesso e escarneceram de cada conquista. Essas palavras as perseguem como fantasmas.

Em algum ponto da sua vida, alguém disse coisas pesadas que se alojaram em seu espírito. Repito, vá para a palavra de Deus. Só ele pode remover as sementes que produzem o fruto da sua infelicidade. Você precisa ter condições de seguir em direção a coisas maiores na sua vida. Precisa ser o jardim que nutre o mundo e alimenta a sua alma. Plante a semente de Deus e colherá as recompensas de uma vida inteira.

Mulher virtuosa, quem a achará? O seu valor muito excede o de finas joias. O coração do seu marido confia nela, e não haverá falta de ganho. Ela lhe faz bem e não mal, todos os dias da sua vida. Busca lã e linho e de bom grado trabalha com as mãos. É como o navio mercante; de longe traz o seu pão. É ainda noite, e já se levanta, e dá mantimento a sua casa, e a tarefa as suas servas. Examina uma propriedade e adquire-a; planta uma vinha com as rendas do seu trabalho. Cinge os lombos de força e fortalece os braços. Ela percebe que o seu ganho é bom; a sua lâmpada não se apaga de noite. Estende as mãos ao fuso, mãos que pegam na roca. Abre a mão ao aflito; e ainda a estende ao necessitado. No tocante a sua casa, não teme a neve, pois todos andam vestidos de lã escarlate. Faz para si cobertas, veste-se de linho fino e de púrpura. Seu marido é estimado entre os juízes, quando se assenta com os anciãos da terra. Ela faz roupas de linho fino, e vende-as, e dá cintas aos mercadores. A força e a dignidade são os seus vestidos, e, quanto ao dia de amanhã, não tem preocupações. Fala com sabedoria, e a instrução da bondade está na sua língua. Atende ao bom andamento da sua casa e não come o pão da preguiça. Levantam-se seus filhos e lhe chamam ditosa; seu marido a louva, dizendo: Muitas mulheres procedem virtuosamente, mas tu a todas sobrepujas. Enganosa é a graça, e vã, a formosura, mas a mulher que teme ao Senhor, essa será louvada. Dai-lhe do fruto das suas mãos, e de público a louvarão as suas obras.

Provérbios 31.10-31

A mulher verdadeiramente boa já é uma esposa antes de se casar. Não serão os chás de noivado nem os livros que produzirão o que não lhe é inato. Há em seu íntimo um dom único que a torna exemplar. Ela é uma mistura cuidadosamente calculada de força e vulnerabilidade. Refinada e frágil, forte e estável. É uma mulher generosa, cujo alvo na vida se estende muito além das suas próprias necessidades de realização e se ancora no sentimento agradável que brota ao tocar a vida de outras pessoas.

Para produzir um anel radioso de noivado, é preciso começar com uma pedra lapidada e brilhante. Não é possível usar qualquer tipo de pedra e transformá-la num anel de casamento. Os critérios são muito específicos. A joia deve ser de qualidade superior caso o anel deva cintilar ao longo da vida com esplendor e vitalidade. Os critérios para a esposa são igualmente específicos. Ela cuida das necessidades alheias, sendo capaz de realizar-se ao dar e compartilhar de si mesma com outros.

Ser esposa implica mais que simplesmente ser mulher. Nem toda mulher é uma esposa. Por isso, a Escritura declara: "O que acha uma esposa acha o bem" (Pv 18.22). Essa passagem seria ridícula se a questão fosse simplesmente encontrar uma mulher. A busca de uma esposa constitui um desafio tão provocador quanto cavar uma mina para encontrar um diamante. Como uma gema de boa qualidade, essas características devem ser inatas na mulher. Não podem ser compradas nem aprendidas. Não podem ser forçadas nem formuladas.

A boa esposa é um diamante, um tesouro que precisa ser desenterrado. Qualquer outra coisa é uma imitação. Ela pode brilhar por algum tempo, mas não demora muito até que se quebre como o pedaço de vidro que realmente é.

Muitos homens insensatos se atiraram de cabeça na vala do desespero, tentando criar uma joia com uma pedra comum. Sábio é o jovem que, como o minerador, sabe que só pode esperar descobrir o que Deus já criou.

É preciso buscar a pedra especial e, ao achá-la, ela será sempre apreciada. Ele deve saber que as coisas que aparecem com facilidade em geral também ficam facilmente manchadas.

Senhor, ajuda-nos a encontrar o tesouro que já criaste nas mulheres. Em algum lugar há uma esposa excelente, esperando para ser descoberta. É ela que vai ser usada pelo Senhor para abençoar a vida de algum homem excelente de quem será a ajudadora idônea. Ela é o ingrediente que falta para completar a visão dele. É uma mulher de muitos recursos. Seu solo é rico, embora a sua terra possa ser estéril. Quando ele plantar a sua grandeza no solo fértil dela, ela irá florescer, pois é um composto rico de vários potenciais preciosos. Muitos deles ela poderia ter alcançado sem ele, mas ao seu unirem um deve completar o outro.

Observe bem, ó pretendente, que fica à espreita em horas tardias esperando por aquela que completará a sua vida. Ela tem um tesouro oculto em seu íntimo. Pode ser um tesouro enterrado. Pode estar enterrado debaixo de sofrimentos, segredos, cicatrizes e temores, mas continua sendo um tesouro. Encontra-se quase sempre oculto por trás de um exterior rude que age como um disfarce e às vezes desanima os homens que normalmente cavariam febris para encontrá-lo.

A busca começou e há grande necessidade da mulher excelente. Encontrá-la significaria que o homem acertou na loteria da vida! Mantê-la e cuidar dela enriqueceria a sua existência ao máximo. Só a presença dela já lhe dará uma sensação de riqueza tão opulenta que o homem acumula ganhos e juros elevados. No espaço de um momento ela é um tesouro a ser admirado. No espaço de uma vida é um investimento que rende dividendos para todos com quem entra em contato. É uma dama majestosa e elegante. Suas riquezas são incontáveis. Tem como adorno diamantes nos olhos e rubis no sorriso. É a pedra jaspe do dia e o rico ônix da noite.

Seu valor não pode ser calculado num piscar de olhos, mas ficará evidente numa crise. É então que o homem saberá que ela é autêntica, e não falsa. É nessa hora que a vida retrata tão bem a diferença entre uma pedra de imitação e um diamante. É nas crises da vida que a própria dama começa a compreender a magnitude da sua criatividade.

Em meio a cada crise, ela é avaliada, e seu valor aumenta. A cada teste e prova, ela aprecia e é apreciada. A maior apreciação que a torna inteira, porém, deve vir do seu íntimo, não dos que a rodeiam. Ela deve saber que é uma mulher de excelência. Não de arrogância, mas de excelência. Este é o espírito da mulher virtuosa.

Existe perigo para você quando todos sabem o seu valor, menos você mesma. Se não souber o que tem, não saberá quando perder. Só quando temos noção de um tesouro é que ele é tratado com respeito e mantido afastado dos vilões e dos oportunistas. Você conhece o seu valor, mulher virtuosa? O fato de saber não é convencimento, é afirmar-se para poder afirmar outros. É quase impossível dar a outros o que não foi depositado.

Você é rica. Está cheia de admiração e esplendor. Foi criada em Cristo Jesus e envolta em sua radiância. Seus potenciais só são limitados pela sua própria visão. Deseje o céu e estenda a mão para o vento. O que Deus plantou se manifestará no final da sua vida.

Aceite o desafio. Você é o vento impetuoso de um furacão e, ao mesmo tempo, o balançar suave de um ramo. É tão dura quanto um diamante e tão macia quanto o veludo negro que acentua o brilho da joia. É uma mulher virtuosa. Brilhe, dama, brilhe!

A dama tem um inimigo

A mulher é algo precioso. Toda grandeza nasce por meio dela. É a mãe das nações, o útero da criatividade, o jardim da vida. O seu grande valor, no entanto, faz dela exatamente o alvo predileto do maligno. A dama tem um inimigo, o próprio Satanás. Ele sabe que quando homem e mulher se unem geram filhos, por isso, seu objetivo é mantê-los separados. Sua estratégia contra as mulheres tem sido sempre o engano. Ele empregou essa tática com Eva no jardim do Éden e nunca mudou o seu método. Eva jamais teria feito mal a Adão deliberadamente. Ela pensou que fazia algo bom e positivo. Foi enganada pelo pai da mentira. Ele a guiou pelo caminho do pecado.

> E Adão não foi iludido, mas a mulher, sendo enganada, caiu em transgressão.
>
> 1Timóteo 2.14

Quero falar sobre o método de Satanás para iludir as pessoas. A Escritura afirma que haveria conflito entre o descendente da mulher e o da serpente. Quem quer que entenda de estratégias militares sabe que é necessário estudar as táticas do inimigo a fim de poder vencê-lo. Você fica conhecendo os métodos dele e pode, portanto, preparar-se para o seu ataque e organizar-se para a defesa.

Conhecimento é poder, quanto mais você sabe tanto mais poderoso se torna. Vamos observar a estratégia e tentar compreender as táticas de nosso adversário espiritual. Vamos nos preparar como um soldado quase na hora de enfrentar o inimigo.

1. Ele apelou para a necessidade de comunicação da mulher

> Mas a serpente, mais sagaz que todos os animais selváticos que o SENHOR Deus tinha feito, disse à mulher: É assim que Deus disse: Não comereis de toda árvore do jardim? Respondeu-lhe a mulher: Do fruto das árvores do jardim podemos comer, mas do fruto da árvore que está no meio do jardim, disse Deus: Dele não comereis, nem tocareis nele, para que não morrais. Então, a serpente disse à mulher: É certo que não morrereis. Porque Deus sabe que no dia em que dele comerdes se vos abrirão os olhos e, como Deus, sereis conhecedores do bem e do mal.
>
> Gênesis 3.1-5

Satanás começou a conversar com Eva e a atraiu com suas palavras. As mentiras encobertas por expressões amáveis a seduziram. Essa continua sendo hoje a sua tática. As palavras são ainda uma das armas mais fortes contra as mulheres. Estas são comunicadoras por natureza. Gostam de conversar. Usam as palavras para mostrar as suas necessidades e as apreciam como um meio de compreender os outros. Dão tamanho valor às palavras que, se forem usadas corretamente, podem conquistar o coração de uma mulher.

Qualquer homem mulherengo lhe dirá que o seu anzol está na sua conversa. Ele atrai as mulheres por meio de palavras. Qualquer pastor lhe dirá que a coisa mais difícil no ministério é manter as mulheres em silêncio. Qualquer marido afirmará que sempre que acontece algum problema na família, a primeira coisa que a mulher quer é discuti-lo. Satanás aproveitou-se dessa vontade de se comunicar para iludir Eva.

Ele continua empregando hoje esse método. É o mulherengo enredando a mulher num relacionamento abusivo. É a falsa amiga levando-a pela estrada da tentação. É o manipulador, usando palavras rudes e críticas cruéis para fazer com que a mulher se sinta desvalorizada. As palavras são uma ferramenta poderosa para o mal. Mulheres, cuidado!

O prazer inato que a mulher tem na comunicação pode ser também seu aliado. Ela é o mais formidável guerreiro de oração que a igreja já viu. Sua capacidade de expressar-se e sua necessidade de discutir fazem dela uma força poderosa que não cessa de bombardear o céu. Ela sente alívio ao comunicar-se, e é uma arma contra Satanás sempre que usa sua tendência para falar em favor do propósito para o qual foi criada.

A mulher é um arsenal de oração e um míssil de fé. É poderosa quando o seu dom se dirige contra o verdadeiro alvo, o verdadeiro inimigo. O inimigo não são os homens em geral. O inimigo é o espírito que pode ter operado num homem ou numa mulher em seu passado. O inimigo está atuando sempre que alguém usa palavras para enganá-la, desviá-la ou causar-lhe sofrimento. Cuidado com as palavras doces e as falsas promessas. Cuidado com o diabo e sua língua bifurcada, sussurrando mentiras. Cuidado com o inimigo! Ore!

2. Ele apelou para a necessidade da mulher de contribuir

> Tomou-lhe do fruto e comeu e deu também ao marido, e ele comeu.
>
> Gênesis 3.6

Quando Eva deu o fruto a Adão, ela não pretendia fazer-lhe mal. Estava apenas seguindo o seu instinto, sua tendência natural de dar e compartilhar. Os instintos maternais da mulher muitas vezes a levam ao papel de "doadora". Ela dá amor ao companheiro, vida ao filho, leite aquecido aos filhos pequenos, e assim por diante. É, porém, essencial que toda mulher, não importa quão independente e competente seja, permita que o homem da sua vida seja responsável pelo bem-estar da unidade familiar. Sempre que a mulher assume a responsabilidade de sustentar o homem, ela inverte a ordem divina e a unidade familiar entra em colapso.

Eva não entendeu que não lhe cabia a responsabilidade de dar a Adão; a responsabilidade de dar era dele, e não dela. O marido deve ser no casamento o que Cristo é para a igreja: o provedor. A Escritura diz que prover é uma obrigação do homem. Não fazer isso é contrário à vontade de Deus:

> Ora, se alguém não tem cuidado dos seus e especialmente dos da própria casa, tem negado a fé e é pior do que o descrente.
>
> 1Timóteo 5.8

Eva inverteu os papéis, assumindo a posição de provedora no casamento. A contribuição mal orientada perturba a ordem familiar. Não é bom que o homem coma da mão da mulher. Toda vez que a mulher se torna a principal fonte de sustento, isso arrasa a auto-estima masculina. Não importa quem ganhe mais, o importante é que ele assuma a principal responsabilidade de ser o provedor. Quando não é permitido que o homem sustente a família, ele tende a se tornar confuso, culpado, frustrado e zangado. O casamento sem dúvida sofrerá.

Compreenda que não estou dizendo que a mulher não deve trabalhar. Na verdade você pode até ganhar mais que seu marido. Mas pegue esse dinheiro e guarde-o, gaste-o, use-o para comprar ações ou para férias dispendiosas. Apenas não deixe seu marido sentir que não cuidou dos seus.

O espírito do homem morre quando ele não pode cuidar da família. Ele se sente inútil, desmotivado e derrotado. Se você não permite que ele a sustente, por que ele deveria tentar? Por que não ficar sentado, sem fazer nada?

Uma das piores coisas que o homem pode ser é preguiçoso. Essa atitude não só destrói outros, como também a ele mesmo! Deixe, por favor, que ele cuide de você, que cuide dos problemas, que ensine seu filho a cuidar da sua família. Isso não só abençoará seu marido, como também o ajudará a ser saudável e completo.

Não me entenda mal, as mulheres devem contribuir. A mulher foi criada para contribuir. A Bíblia diz que ela deve ser uma "ajudadora idônea" do marido. Isto significa que deve ficar ao lado dele e ajudá-lo. A mulher contribui para a vida. O homem faz seu depósito no útero dela e ela engravida. Ela dá um óvulo, cálcio, minerais, oxigênio, sangue, proteínas, alimento, força, carne e tudo o mais necessário para os nove meses de gestação do bebê.

A seguir ela dá à luz o filho e, depois disso, dá a ele leite, amor e cuidado. A mãe continua dando ao filho pelo resto da vida.

As mulheres possuem a habilidade única de apossar-se de uma visão e fazê-la acontecer. Dizem que por trás de todo grande homem há uma mulher, e isto é verdade. É preciso uma mulher para ajudar o homem a alcançar o seu objetivo. Ela pode intervir numa empresa, num ministério ou na família e prestar ajuda para que os objetivos sejam alcançados.

As mulheres quase que sozinhas têm mantido a igreja por meio de suas contribuições, generosidade e compaixão. Elas dão de seu tempo e de seus recursos. São contribuintes inatas. As mulheres são valiosas e parte indispensável do plano de Deus. Damas, continuem a dar o que é tão necessário, mas permitam que o homem também desempenhe o seu papel.

3. Ele apelou para a cobiça da mulher

> Vendo a mulher que a árvore era boa para se comer, agradável aos olhos e árvore desejável para dar entendimento, tomou-lhe do fruto e comeu e deu também ao marido, e ele comeu.
>
> Gênesis 3.6

Duas das mais fortes armas que o inimigo pode usar contra nós são a concupiscência da carne e a concupiscência dos olhos. Satanás usou as duas coisas com Eva. Ela viu que a "árvore era boa para se comer". Essa é a cobiça da carne. Ele apelou para a fome dela. A fome é uma necessidade legítima, dada por Deus. Mas ele enganou-a fazendo com que satisfizesse uma necessidade legítima de maneira proibida. Eva poderia ter saciado a sua fome com qualquer fruta do jardim, mas a serpente a levou a saborear o fruto da árvore do conhecimento do bem e do mal.

Você está lutando com uma necessidade legítima? O inimigo a está seduzindo para buscar prazeres proibidos? Devemos lembrar que quando tentamos satisfazer-nos de um modo proibido por Deus, no final o prejuízo é nosso. Por exemplo, todos temos necessidade de intimidade e afeto, mas se permitirmos que essa necessidade nos leve à promiscuidade, correremos o risco de nos prejudicar física e emocionalmente.

A gratificação imediata pode ser obtida, mas ela acaba sendo destrutiva. Não permita que o maligno a atraia para o caminho do pecado; ele certamente tentará isso. Proteja-se descobrindo abrigo na palavra de Deus.

A Bíblia também diz que a mulher viu que a árvore era agradável aos olhos. Essa é a concupiscência dos olhos. Não se esqueça, no entanto, de que tudo que parece bom não é necessariamente bom para você. Não escolha seus companheiros pela aparência ou posição que ocupam. Como diz o velho adágio; nem tudo que reluz é ouro.

Muitas mulheres são enganadas por um rosto bonito, roupas de boa qualidade e um carro esporte caro. O mal vem quase sempre embrulhado num belo pacote, e o diabo pode fazer compras na butique Armani e dirigir uma Ferrari. É perigoso deixar que as coisas externas sejam o seu mentor. Tudo que o inimigo tem de fazer é mostrar-lhe um quadro atraente e fisgá-la.

Essa atenção com as exterioridades pode ser um traço positivo. As mulheres lembram e registram os pensamentos de modo diferente do homem. Seus olhos colhem detalhes que no geral escapam a ele. Use seu notável poder de observação, mas não permita que ele a domine.

Minha família escapou muitas vezes da adversidade porque minha mulher notou um detalhe que eu teria ignorado. Ela nota as pessoas; dá atenção as suas reações, atitudes e traços de personalidade, de um modo que eu não faria. Sua capacidade de observar detalhes permitiu que notasse os sintomas de doença em nossos filhos logo no início, assim pudemos tratá-los e levá-los ao médico antes de ficarem realmente mal. Ela observa com olhos de mãe, e nossa família tem sido abençoada pela sua percepção.

A percepção do mundo exterior por parte da mulher pode ser um grande benefício. Deixe que seus olhos a ajudem a ver, mas não permita que as exterioridades a ceguem.

4. Ele apelou para o orgulho da mulher

> Porque tudo que há no mundo, a concupiscência da carne, a concupiscência dos olhos e a soberba da vida, não procede do Pai, mas procede do mundo.
>
> 1João 2.16

A soberba da vida é outra ferramenta muito utilizada pelo diabo. Soberba da vida é a necessidade de estar no topo da escada, à frente dos outros. A serpente disse a Eva que ela seria mais sábia do que Deus se comesse do fruto da árvore da vida. Mais sábia, mais forte, melhor — bem lá no fundo, todos desejamos ser superiores aos outros.

Algumas vezes nem se trata de ser melhor, e, sim, de as pessoas pensarem que somos melhores. É uma questão de percepção. Queremos ser reconhecidos. É provável que ocultemos nosso desejo de reconhecimento sob o disfarce de querermos ser apreciados, mas há uma diferença. Ser apreciado se refere a gratidão e valor. Reconhecimento é uma ovação de pé, um tapinha nas costas, afagos no ego.

Desejar reconhecimento não é mau em si, mas quando isso guia as suas ações, quando se torna um substituto para agir segundo o seu coração, você talvez tome algumas decisões muito erradas. Se estiver à procura de aclamação, qualquer um pode bajulá-la, seduzi-la com palavras vazias de louvor.

O orgulho na verdade não é totalmente negativo. Sentir orgulho por seu trabalho e por sua aparência é bom. Ninguém empregaria uma pessoa que não se orgulha do seu trabalho. Mas o orgulho deve ser gerado pelo próprio indivíduo. Desejar fazer o seu melhor e congratular-se por um trabalho benfeito é recomendável. A ambição é a força que leva à ação.

As mulheres trabalharam incansavelmente e avançaram muito. Houve época em que as meninas nem sequer aprendiam a ler. As mulheres de hoje se graduam nas melhores universidades, ocupam cargos executivos, ajudam a administrar o país e contribuem para a prosperidade mundial. Desejar aperfeiçoar-se e fazer um bom trabalho são empreendimentos dignos. Continue trabalhando bem, mas cuide para que o seu orgulho não a faça cair.

O ponto que tenho tentado expor é que o inimigo rouba o que é bom nas mulheres e o transforma em mal. A mulher é um tesouro natural. Ela é a ajudadora, a mãe, a joia na coroa da criação de Deus. Comemore as suas virtudes e desenvolva o seu potencial, mas proteja-se com todo o cuidado. Seja cautelosa com relação a quem você permite tocar a sua vida, pois você é santa e um tesouro incomparável.

PARTE 2

Seu amado

7
Abraçando outra pessoa

DOIS JOVENS CAMINHAM PELA PRAIA DE MÃOS DADAS. É evidente que se amam. Não estão se agarrando, nem agindo de modo inadequado. Simplesmente irradiam paz e serenidade. Os olhos deles refletem harmonia interior. Quando sorriem um para o outro, é um olhar de confiança, compaixão e admiração mútua.

Essa é uma relação muito especial, difícil de encontrar, mas vale a pena buscá-la. É bem mais fácil descobrir a paixão intensa, arrasadora, que explode como um vulcão, libertando a lava ardente que queima as roupas, arranca os lençóis da cama e deixa os parceiros satisfeitos e ofegantes, em doce tranquilidade. Embora esse tipo de paixão possa ser bem estimulante, não indica necessariamente amor. De fato, em alguns casos até prejudica nossa capacidade de reconhecer o amor verdadeiro.

A paixão pode nos prender e enganar. Pode distrair nossos sentidos e impedir que percebamos quando um relacionamento está perturbado ou, pior ainda, é perigosa para nossa saúde emocional e espiritual.

Não estou de forma alguma sugerindo que nos tornemos insensíveis a ponto de não podermos perder totalmente o controle nos braços de nosso cônjuge. Por que iríamos transformar algo tão agradável numa troca clínica de líquidos corporais? O leito conjugal pode, e deve, ser um lugar para nos envolvermos em brincadeiras eróticas e excitantes. O que preciso destacar é que às vezes escolhemos nossos parceiros porque eles nos atraem fisicamente e depois descobrimos que não há suficiente atração interior para sustentar-nos à medida que vão mudando. E eles mudam.

Uma coisa a respeito da vida, caso você viva bastante, é que ela é o grande igualador. Os jovens envelhecem. Os que são bonitos perdem em parte a beleza, e as linhas suaves da juventude dão lugar à aparência gasta da maturidade. Quando um relacionamento se baseia na atração física, o que acontece quando a beleza física se vai? O que acontece quando as chamas ardentes passam a ser pouco mais do que um clarão? O verdadeiro amor é mais forte que tudo isso e pode suportar a passagem do tempo. O verdadeiro amor é como um vinho fino, que fica mais doce quando envelhece.

Outro dia, uma jovem empurrando um homem numa cadeira de rodas apresentou-se diante da igreja reunida. O corpo do homem era todo torcido e seu rosto uma máscara de permanente sarcasmo. Curvado para a frente na cadeira, ele parecia ignorar onde se achava.

Desci os degraus do púlpito para falar com a jovem e saber do que precisavam. Tinha praticamente certeza de que a moça era uma enfermeira que cuidava daquele pobre infeliz, cuja condição o deixara dependente e desfigurado. Abaixei-me até a orelha dela e sussurrei: "O que posso fazer para ajudá-la?". Estava certo de que desejava orações pelo seu paciente. Fiquei espantado quando a moça apresentou o homem como seu marido.

Com o queixo levantado e os lábios firmes, ela declarou que o casal queria fazer parte da igreja. Falou com orgulho, como se ele estivesse ao lado dela com um terno de corte italiano. Embaraçado com a minha suposição, mas lamentando o problema deles, tropecei à procura das palavras adequadas à situação.

Enquanto me demorava em responder-lhe, ela se abaixou para enxugar um fluxo de saliva que escorria dos lábios do marido como um fio de macarrão. Depois de cuidar amorosamente dele, a jovem ficou de pé para continuar o pedido. Explicou que o marido sofrera um terrível acidente que o deixara completamente incapacitado.

Num dia ele fora um homem saudável, vibrante, viril; e no seguinte era aquilo que estava sentado a minha frente. Tive de esforçar-me para engolir as lágrimas, enquanto me senti primeiro cheio de admiração e depois de respeito por essa mulher que podia amar aquele homem e tratá-lo com tamanho afeto.

Eu sabia que ela estava com um homem que não poderia mais abraçá-la, tocá-la ou murmurar em seu ouvido. Sabia que ele não lhe dera palmadinhas enquanto se vestiam para o culto, nem lhe lançara um olhar, cheio de promessas de amor e satisfação. Sabia que ele não secara o pescoço dela ao sair do chuveiro, nem beijara sua pele. Sabia que ela precisava cuidar dele enquanto ninguém cuidava dela.

Contei essa história para sublinhar que a vida realmente traz mudanças. Quando nos colocamos diante de uma congregação, de um pregador e de Deus, fazemos em alguns minutos votos que talvez tenhamos de cumprir pelos próximos cinquenta anos ou mais. Fazemos esses votos e nos encaminhamos para o futuro, um abismo de aventuras inesperadas que pode levar ao perigo sem qualquer aviso.

Os votos são um cheque em branco que o destino irá preencher à medida que caminhamos juntos pela vida. É bem possível que tenhamos de cumprir esses votos, aqueles que dizem para melhor ou para pior, na riqueza ou na pobreza, na doença ou na saúde. Seremos capazes de cumprir essas promessas em face da calamidade, pobreza e enfermidade?

Todos nós queremos alguém ao nosso lado com quem possamos contar em qualquer situação, boa ou má. Este é o amante que importa. Quase todos pensam que o bom amante é aquele que sabe desempenhar proezas sexuais com grande habilidade e sensibilidade. Isso seria ótimo se passássemos a vida inteira na cama. Mas a verdade é que o bom amante não começa nem termina no quarto.

O bom amante é aquele que fica quando todos os demais se vão. Não importa se é tão ágil quanto um gato e tão sensível quanto um nervo exposto. Se esse homem não a amar sinceramente, perderão o significado. Amar o corpo não basta. Sua mente e seu espírito também precisam ser cuidados.

Que importa se seu homem tem o físico de um Adônis se ele não a protege numa tempestade? Seus olhos cintilantes não significam nada se não provar que é confiável numa crise. Ó, minha amiga, ser um bom amante é mais do que carícias e beijos ardentes. É a habilidade para prender o vento frio da vida nas mãos quentes até que ele se aqueça sob o seu toque amoroso. É ficar ao meu lado até que a luz de meus olhos se apague e beijar meu rosto uma derradeira vez. É a capacidade de ficar comigo até que a máquina pare e o oxigenador deixe de bombear ar em meus pulmões, e eu fale uma última vez ou aperte a sua mão.

Se você já teve de enfrentar uma verdadeira tempestade, precisará de um amante, mas não do tipo que geralmente procuraria. Uma amante do dia, e não só da noite. Os amantes do dia são mais difíceis de achar do que o tipo que a apalpa à noite. Se uma tragédia financeira ocorrer ou, pior ainda, uma tragédia física, ele continuará seu amante? Sei que esses são pensamentos sombrios que as pessoas raramente consideram, mas são as realidades da vida.

Sei que a palavra "amante" é usada displicentemente e muitas vezes da maneira errada. Já que estou fazendo uso frequente dela, devo diferenciar entre a minha ideia e o que é sugerido por amante em nossos dias.

O termo é amplamente empregado para todo tipo concebível de arranjo sexual conhecido pelo homem. Quando uso a palavra "amante", por favor, compreenda, eu a emprego da mesma forma que Salomão o faz no livro Cântico dos Cânticos. Faço uso dela para descrever a santidade de um indivíduo em um relacionamento conjugal em que há dedicação mútua.

Mas essa palavra significa mais do que apenas estar casado. O propósito é descrever os parceiros que seguem o plano divino. Há pessoas casadas que não são amantes. Entre elas estão os adúlteros, os interesseiros, os cônjuges indiferentes. Existem alguns cujas cicatrizes são tão profundas que acham difícil aceitar o plano de Deus. Compreendo isso.

Ser um participante ativo num casamento dedicado não é tarefa fácil e são muitos os que falham nesse aspecto. Só o fato de haver dificuldade em corresponder ao papel não significa que o conceito de matrimônio santo seja deficiente. O plano de Deus é perfeito. As suas criaturas é que não são.

O que ameaça nossa sociedade é o fato de que muitos se tornaram tão frustrados que alteraram o plano do Mestre para adequá-lo a sua própria situação e a suas necessidades. É ilógico, porém, redesenhar o mapa para ajustar-se ao fato de estarmos perdidos.

É isso o que fazemos quando entramos em "pseudos" casos de amor. Eles imitam o casamento e na verdade zombam dele. Compreendo que muitas dessas pseudorrelações são sinceras e importantes para os parceiros. Mas é possível estar sinceramente errado.

A palavra de Deus deve ser o nosso mapa. Devemos segui-la, mas, se nos perdermos, é preciso lembrar que jogar fora o mapa não nos ajudará a encontrar o caminho de casa.

Infelizmente a maior parte desta geração reduziu o amor a sexo. Eles não são a mesma coisa. Esses casos que vão e vêm não têm substância duradoura e se parecem mais com vestes frouxas. Esse tipo de roupa é excelente no calor, mas no frio você precisa de algo que aconchegue a pele e impeça que as intempéries a atinjam. É isso que eu quero num relacionamento, e aposto que você também quer o mesmo.

Quem gostaria de algo que escorregue como um roupão de banho num temporal de granizo? Quero um relacionamento que me proteja das tempestades da vida. Este deveria ser o ideal de todos. Vamos procurá-lo. É possível que não alcancemos o alvo, mas ai de nós se perdermos completamente de vista o nosso objetivo. O casamento deve durar para sempre, e a única maneira de uma relação sobreviver à incerteza do futuro e aos altos e baixos inevitáveis da vida é ter como fundamento o amor verdadeiro.

Como fazer o amor durar

Já observei casais idosos, cujas mãos enrugadas e frágeis se entrelaçam enquanto passeiam pelo parque. Esses sobreviventes da vida confirmam a autenticidade do amor dedicado. Eles sobreviveram às dificuldades da vida e suportaram as estações do amor.

O amor jovem é como a primavera: tudo é fresco e novo. As plantas verdes começam a brotar, surgindo do solo, começando a crescer. O solo é rico e fértil, cheio de potencial para ser cultivado. No verão, o amor está em plena florescência. Flores vibrantes enfeitam os campos e o sol nos envolve em seu calor.

No outono, nos acomodamos no conforto. A colheita está madura e chegou a hora de ceifarmos as nossas recompensas. Nossos filhos cresceram e já têm sua própria vida. Podemos sentar e gozar dos frutos do nosso trabalho. Quando chega o inverno, o céu pode estar cinzento, o solo frio e endurecido, mas o amor verdadeiro é como uma sempre-viva na floresta coberta de neve.

O casal que está junto há tanto tempo continua aquecido no inverno do amor. O fogo do coração deles impede o frio de entrar. Como esses casais fazem isso? Como conseguem permanecerem juntos tantos anos? Eu os observo enquanto se desviam do tráfego matinal no parque. Pessoas que se exercitam, correndo ou de patins, passam apressadas por eles. Mas os dois parecem não notar. Só percebem um ao outro enquanto andam pelo parque e conversam, e escutam um ao outro.

Cada um pronuncia com voz carinhosa o nome do outro, dando a entender que se sentem tão à vontade um com o outro quanto se estivessem com um par de chinelos velhos. Continuam sendo amantes, mas, mais que isso, são amigos.

Não é engraçado? Foi assim que começamos quando pequenos. Duas crianças brincam na caixa de areia, ignorantes da diferença de sexo entre elas. São simplesmente amigas. Não há pressão para que impressionem. Não há necessidade de atitudes viris.

Você se lembra dos dias em que os meninos pensavam que as meninas eram boas amigas, mas a ideia de beijá-las parecia idiotice? Só mais tarde, quando lutamos com nossas amiguinhas e de repente sentimos um calor diferente no corpo é que notamos que tocá-las não era o mesmo que tocar os garotos numa pelada.

Esse foi o primeiro estágio do amor para nós: simples e platônico. Um amor pré-sexual. Um amor mais apoiado na amizade do que no erotismo.

Perdemos essa amizade fácil quando nos tornamos sexualmente obcecados. Passamos então a vida inteira tentando voltar à amizade por meio do sexo. Não é a ela que acabamos voltando nos últimos anos, quando a paixão se esvai e a comunicação emerge? Voltamos à caixa de areia. Acabamos dando risadinhas no terraço da frente, deixando os dentes num copo d'água, e com o rosto enrugado aberto num sorriso. Acabamos nos abraçando por mais tempo e ouvindo o ritmo da respiração um do outro à noite.

Estou falando de companheiros de alma. O relacionamento pode ser desafiado e até traído, mas depois que tudo passa, você ainda continua com a única pessoa com quem quer de fato conversar, aquela que faz você rir. É a amizade que faz com que lutar pelo casamento valha a pena, e não o sexo. O sexo dura apenas alguns minutos, ou algumas horas na melhor das hipóteses, mas a amizade é para a vida inteira!

As necessidades do corpo podem ser satisfeitas em alguns instantes ou em algumas horas, se estivermos dispostos a isso e tenhamos energia suficiente. Mas satisfazer as necessidades do coração é um processo contínuo.

O coração dolorido grita mais alto do que os lombos doloridos. O amante maravilhoso é aquele que beija o corpo e vai além, beijando a alma. O sexo se torna então um meio para alcançar algo mais importante — o compromisso espiritual. Você não está então fazendo apenas sexo; está fazendo amor. O sexo é fácil; o amor é que é difícil de encontrar.

Esse é o desafio exigido para ter certeza de que o seu relacionamento contém uma dose de amor suficiente para acompanhar o sexo. É disso que vai precisar para construir o seu relacionamento e transformá-lo em um monumento que perdura depois que tudo é dito e feito. O que você quer obter é o amor firme, experimentado por irmãos que sabem que foram gerados pelos mesmos corpos e nasceram do mesmo útero.

Não pense que estou sugerindo que nos aposentemos sexualmente ou diminuamos nosso desejo de intimidade. Minha sugestão é equilibrar esses momentos magníficos com alguém que signifique algo para nós fora do quarto. Estou aconselhando que a raiz do seu amor seja ancorada em sua admiração por essa pessoa, depois acrescente a atração como um tempero em um prato favorito. O tempero acentua o sabor do prato, mas não é a essência do prato.

Case sempre em família

A razão por que a Bíblia não recomenda o casamento com incrédulos é simples: Deus quer que a base do amor de vocês seja o fato de compartilharem o mesmo Pai celestial. Seu marido deve ser primeiro seu irmão. Vocês são irmãos na família de Deus.

É conveniente escolher um cristão como você porque ambos têm os mesmos valores soberanos e básicos. Muitos não cristãos gostam de discutir as Escrituras, mas não compreendem que a palavra de Deus é uma carta escrita ao povo de Deus.

O incrédulo provavelmente não entende nem concordará com a Palavra. O desafio para eles não é aceitar regras e regulamentos — mas aceitar Cristo e crer na sua palavra. Até que façam isso, você estará falando com eles numa língua estranha. É como se pertencessem a países diferentes. Eles não são cidadãos do seu país, e as leis não foram escritas para eles.

Como cristã, você deve escolher alguém que seja governado pelos mesmos valores que os seus. Se não for, nunca irão concordar. É de grande ajuda quando os casais têm a mesma fé e a mesma filosofia de vida.

A fé, porém, não é o único critério que você deve adotar na sua busca por um companheiro. Muitas pessoas da mesma fé não se identificam o suficiente para que o casamento seja realmente forte. O que é então necessário? Os requisitos são três: seu parceiro deve satisfazer sua mente, seu corpo e sua alma. É claro que você precisa sentir atração física pelo seu parceiro. O sexo é um dos muitos prazeres do matrimônio e deve ser usufruído.

Seu parceiro deve agradá-la fisicamente e vice-versa. De que vale o prazer físico, porém, se ele não a amar como pessoa e como amiga? Você e seu parceiro devem ter a mesma mente, comunicar-se com facilidade, ouvir-se e gostar da companhia mútua. Por último, vocês devem compartilhar os mesmos valores. Irão caminhar juntos pela estrada da vida, dividir o mesmo mapa e seguir na mesma direção.

Só quando esses três requisitos são satisfeitos é que o casamento tem sucesso. O sexo por si só não basta. Sexo e amor podem permitir que o casamento atravesse a noite. Mas é preciso sexo, amor e um Deus comum para fazer com que ele perdure. Então, e só então, a dama, o amado e o Senhor se tornarão um cordão forte o bastante para manter o relacionamento.

> Também, se dois dormirem juntos, eles se aquentarão; mas um só como se aquentará? Se alguém quiser prevalecer contra um, os dois lhe resistirão; o cordão de três dobras não se rebenta com facilidade.
> Eclesiastes 4.11-12

Quando for escolher um companheiro, procure um homem que tenha com você um relacionamento comparável ao de um irmão. Procure aquele com quem possa comunicar-se sem palavras. É ele que sabe quem você é. Ele sabe o que vai dizer antes que as palavras saiam de seus lábios. Sabe o que está em seu coração, porque o dele tem o mesmo sentimento. Vocês foram feitos do mesmo material. Têm sentimentos um do outro como gêmeos. Ele é seu irmão.

Vocês irão, sem dúvida, enfrentar desafios e problemas na vida, mas buscarão soluções no mesmo lugar. Ambos se voltarão para o Pai. Foi assim que Adão e Eva resistiram aos esforços de Satanás para destruí-los. Ao serem ameaçados, quando seu futuro estava em risco, eles decidiram unir-se como irmão e irmã diante do Pai.

> E chamou o SENHOR Deus ao homem e lhe perguntou: Onde estás? Ele respondeu: Ouvi a tua voz no jardim, e, porque estava nu, tive medo, e me escondi. Perguntou-lhe Deus: Quem te fez

saber que estavas nu? Comeste da árvore de que te ordenei que não comesses? Então, disse o homem: A mulher que me deste por esposa, ela me deu da árvore, e eu comi. Disse o SENHOR Deus à mulher: Que é isso que fizeste? Respondeu a mulher: A serpente me enganou, e eu comi.

Gênesis 3.9-13

Eles parecem duas crianças roubando a lata de biscoitos. Ficam embaraçados e perturbados diante do Pai. Conseguiram, porém, mostrar firmeza por compartilharem a mesma filosofia de vida. Eram irmão e irmã. Feitos do mesmo barro. O mesmo Pai que criou Adão formou Eva. Em resumo, os dois chamam Pai ao mesmo Deus.

Adão e Eva puderam ficar diante de Deus e pedir perdão. Eles sabiam que haviam pecado. Compartilhavam as mesmas regras, o mesmo sentimento de certo e errado. O casamento não pode sobreviver quando os parceiros não praticam os mesmos padrões morais. Como é possível corrigir um problema moral quando um de vocês acha que não há problema?

Lembre-se, você deve casar-se com seu irmão. Por mais erótica que seja a sua relação, permita sempre que o amor fraternal continue. Todos os outros sentimentos virão e irão embora como o fluxo e refluxo das marés no oceano. O amor fraternal perdura. A paixão sobe e desce de dia em dia, de momento em momento. Não seria natural sentir uma paixão avassaladora o tempo todo. Isso é tão pouco natural quanto comer 24 horas por dia. A cobiça é a gula da paixão e geralmente indica uma ferida que está procurando cura mediante o remédio errado.

Um relacionamento saudável contém diversidade. Muda continuamente. A única coisa que dá estabilidade é construir o relacionamento baseado na amizade. A paixão vem e vai, as dificuldades podem fazer o casal vacilar, mas em meio a tudo isso eles são amigos. A verdade é que todos enfrentaremos conflitos, mas, quando isso acontecer, se estivermos unidos pelo mesmo Pai, a correção não será difícil.

O relacionamento de Adão e Eva não é o único no livro de Gênesis a refletir este conceito:

> Por outro lado, ela, de fato, é também minha irmã, filha de meu pai e não de minha mãe; e veio a ser minha mulher.
>
> Gênesis 20.12

Abraão tentou enganar seu hospedeiro, dizendo que Sara, sua mulher, era sua irmã. Na verdade, Sara era sua meia-irmã. (Embora isto seja reprovável hoje, era uma prática comum na época. Os personagens da Bíblia no Antigo Testamento sempre insistiam em que os filhos se casassem com parentes consanguíneos, por saberem que a família era um elo forte que se perpetuaria por meio da mesma fé e da mesma filosofia de vida.)

Mas, talvez, a frase "filha de meu pai" se refira igualmente ao fato de que ela também era filha de Deus. Sara era meia-irmã de Abraão pelo sangue, mas sua irmã na fé. Era sua irmã e sua esposa.

Por favor, não me entenda mal. Não estou sugerindo que nos casemos literalmente com nossas irmãs biológicas. Isso seria incestuoso e deplorável. Só quero que você compreenda que, no começo, os relacionamentos mais fortes, mais duradouros, eram aqueles em que ambos os parceiros eram filhos de Deus.

Antes de passarmos para outros assuntos, quero insistir com você sobre a verdade relativa ao amor e ao sexo. É simplesmente esta: o sexo é apenas uma sombra do amor. A verdadeira intimidade ocorre quando o corpo já está gasto e o afeto permanece. O laço que prende os corações é que promove o sentimento de aceitação e não o envolvimento carnal.

Todos queremos aceitação. Poder ficar com outra pessoa sem preocupar-se com o desempenho nem com a necessidade de impressionar, saber que estamos com um amigo, isso é ser realmente amado. Os homens principalmente precisam de um lugar onde possam fugir das exigências de manter uma imagem. Ansiamos por um lugar de descanso, repouso da pressão de sermos obrigados a desempenhar constantemente e a ser julgados não pelo que somos, mas pelo que fazemos.

Quando sabemos que somos amados pelo que somos, nos tornamos mais saudáveis mentalmente e nos expressamos com maior intimidade. Por quê? Porque nos sentimos livres do medo da rejeição e da ansiedade de mostrar desempenho. Somos maridos, protetores, amantes, mas às vezes queremos rir e ser apenas irmãos.

Quando deixarmos de impressionar como grandes maridos ou de atuar como grandes amantes, ou nos tornarmos pouco eficientes como protetores, permitam pelo menos que nos sintamos seguros no conhecimento de que sempre seremos irmãos. Quando tudo o mais falhar, que permaneça o amor fraternal.

8 Os lençóis de cetim escorregam

VOCÊ JÁ VIU NAS REVISTAS E COMERCIAIS os ricos lençóis de cetim jogados convidativamente por sobre a cama? Parecem tão atraentes. Evocam sensualidade, sexualidade e romance. Pense em lençóis de cetim negro enfeitados com uma única rosa vermelha. A cena parece prometer noites de paixão desvairada. Esses lençóis fazem promessas de noites eróticas comparáveis às que lemos nos romances.

Todavia, aposto que quem criou o primeiro jogo de lençóis de cetim não foi um homem. Embora seja difícil encontrar um indivíduo que não goste da sensação do cetim na pele, a maioria dos homens concordaria que esse tecido é o pior material para o amor. Deixe-me explicar. No inverno, o cetim é frio, não guarda nenhum calor. No verão, o fará suar porque não respira. Não absorve umidade e amassa como o linho.

O pior desse tecido, do ponto de vista masculino, é que faz com que você escorregue como um esquiador numa pista de gelo. Os lençóis de cetim são horrendos para o homem que quer mostrar-se amoroso com a mulher que ama, pois o fazem parecer um rematado tolo enquanto fica escorregando no meio deles.

O cetim é ótimo para a mulher, caso ela goste de sentir um material sedoso sobre a espinha e deitar-se nos braços da magnificência. Mas se o homem quiser ficar desembaraçado, será melhor que providencie lençóis de algodão puro ou de flanela. Vejam bem, senhoras, o cetim pode ser bonito, mas destrói toda possibilidade de equilíbrio e deixa a pessoa tateando para achar a cabeceira da cama, ou se agarrando ao colchão para se virar, e ainda a impede de tentar uma proeza acrobática apaixonada.

É surpreendente que algo tão convidativo possa ser tão pouco prático. Se decidir dar um presente de Natal a seu marido, nunca, nunca, lhe dê lençóis de cetim; o infeliz pode quebrar a perna ao virar-se para ganhar um beijo.

Imagino que isso mostre que nem sempre o que agrada aos olhos é tão bom quanto parece. Homem algum teria criado esses lençóis e, se tivesse feito isso, mudaria de ideia rapidamente depois de uma noite sobre eles.

É possível que todos desejemos a aparência do amor, mas Deus sabe que olhamos com olhos diferentes. Podemos ver a mesma coisa, mas a vemos de nossas várias perspectivas. Não há nada errado em ter pontos de vista diversos. De fato, isso é natural. Os homens e as mulheres são criaturas diferentes com diferentes necessidades. Nenhum ponto de vista sobrepuja o outro, nem é mais certo. Apenas diferem.

Os problemas começam a surgir quando deixamos de nos comunicar. Uma dama pode dar ao seu homem um jogo de lençóis de cetim. Ela o ama e quer dar-lhe o presente mais fino, luxuoso e romântico. Mas quando ele não gosta dos lençóis, ela fica magoada e aborrecida com a falta de apreciação do parceiro. O que ela precisaria compreender é que, embora esteja tentando fazer o companheiro feliz, deu-lhe o que ela, não ele, queria.

Para que um relacionamento possa funcionar, você deve entender que as necessidades de seu parceiro podem ser diferentes das suas. Isso é algo que muitos de nós esquecemos. Você deixa de considerar que há coisas que funcionam para você, mas que deixam seu parceiro louco. Então, quando o relacionamento azeda, surge um sentimento de choque e traição.

Você não havia percebido nada. Estava ocupada em apreciar os seus lençóis de cetim, enquanto o homem ao seu lado orava silenciosamente para não escorregar e cair da cama. Neste caso, os homens são tão culpados quanto as mulheres, pois eles também contribuem para o problema de maneira especial.

Este é um dos muitos erros cometidos pelos homens: silenciamos a respeito de muitas coisas. Não comunicamos as nossas necessidades. Quando, porém, elas não são satisfeitas, ficamos emburrados e ressentidos. A mulher fica confusa porque tentou tornar as coisas agradáveis para nós. Pensou que estava nos agradando dando-nos o que queríamos. Mas nunca lhe dissemos qual era o nosso desejo, portanto ela teve de basear-se na imaginação. Trouxe para casa o jogo de cetim, e nós escorregamos para fora do leito.

Entramos na mesma cama, no mesmo relacionamento e na mesma tarefa da vida, mas de perspectivas diferentes. Há algumas coisas que uma mulher não saberia se não lhe contássemos, e vice-versa. Quero ser o primeiro sujeito a quebrar o silêncio e contar os segredos. Nada mais de polidez. Não gostamos dos lençóis e estamos caindo da cama. O lado triste é: estamos perdendo as boas mulheres que trouxeram os lençóis para casa só por pensarem que isso nos faria felizes.

Alguns de vocês talvez estejam levantando as sobrancelhas, surpresos com a minha linguagem. Aqui estamos nós, passeando pelo labirinto da terminologia cristã apropriada para descobrir uma palavra que não exaspere a pessoa espiritual de mente sensível, mas que descreva adequadamente a paixão que deveria transpirar do leito conjugal.

Uma das coisas que frustra secretamente alguns cristãos e em geral afasta os não cristãos é nossa necessidade incessante de parecer que andamos com halos na cabeça e harpas nas mãos.

Um dos pontos válidos contra os cristãos é que a nossa mensagem nem sempre parece ajustada. Como os lençóis, ela tem boa aparência, mas não funciona direito. É claro que sabemos que o cristianismo funciona, mas muitas vezes pregamos só metade da mensagem.

> Pois, quando ressuscitarem de entre os mortos, nem casarão, nem se darão em casamento; porém são como os anjos nos céus.
>
> Marcos 12.25

A mensagem que pregamos não é apenas uma classe preparatória para a vida maravilhosa do além. Trata-se de uma mensagem relevante que dá direção para o desagradável aqui e agora. O cristianismo é para este mundo. Ele se ocupa dos casamentos e dos relacionamentos.

Da mesma forma, o casamento não é para o céu, é para a terra. É a instituição terrena que imita a união espiritual entre Cristo e a igreja. É o abraço apaixonado das almas cujo afeto alcançou o nível da aliança e só pode ser ilustrado nos braços um do outro. É a descrição bíblica do cordão de três dobras. Os três componentes são Deus, o noivo e a noiva.

Estou falando do casamento cristão: a união de duas pessoas que concordaram sobre quem são uma para a outra, e quem são em relação a Deus.

São marido e mulher. São amantes. Um amante é mais do que um parceiro de cama. Ser amante é ser a habitação, a recreação e o repouso de alguém. Ser amantes significa que o casal se concentrou no compromisso de satisfazer suas mútuas necessidades. Não falo necessariamente de sexo. Uma necessidade pode ser satisfeita com um toque ou simplesmente uma troca de palavras ternas.

Qualquer que seja a necessidade, o lugar para satisfazê-la é sempre o mesmo. É nos braços do marido que ela encontra felicidade. É o bom humor da esposa que o faz sorrir durante o dia. Quando uma chama alegre se acende em seus pensamentos e a faz enrubescer, é uma lembrança dele, pessoal demais para ser discutida, mas poderosa demais para ser esquecida. No casamento, o homem e a mulher são parceiros, amantes, amigos. É um laço tão poderoso, tão especial que seu propósito é durar para sempre.

O desafio está em encontrar na vida real o que o casamento é no projeto. Chama-se um engenheiro quando uma peça de uma máquina deixa de funcionar de acordo com o projeto. O fabricante jamais afirma que o produto não presta porque não funcionou devidamente. O engenheiro estuda o projeto e altera os materiais até conseguir os resultados desejados. Todavia, descartamos com a maior facilidade casamentos em que investimos anos por causa da menor incompatibilidade.

Devemos lembrar que vale lutar por tudo que vale a pena obter. Não devemos afastar-nos de um relacionamento só porque ele não está funcionando exatamente como planejado. Em vez disso, cabe-nos tentar descobrir onde está o defeito. A planta para o casamento é perfeita; qualquer problema com os nossos relacionamentos é causado pela disfunção humana. Devemos tentar manter nosso casamento de acordo com o plano divino.

Creio que a maior falha na maioria dos casamentos pode ser atribuída ao fato de que quando nos dizem estas famosas palavras: "você precisa comunicar-se", não nos informam que falamos línguas diferentes. Para obter o som harmonioso de uma balada de amor, devemos tomar tempo para compreender a diversidade dos instrumentos. Em termos simples, os homens são muito diferentes das mulheres, e precisamos compreender essas diferenças.

Ela é uma harpa que deve ser tocada com suavidade e responde às mãos hábeis de um cuidadoso menestrel. Ele é uma corneta, metálica e brilhante, que produz um som forte de alarme. A música de um é muito diferente da do outro. Eles precisam ser orquestrados.

Queremos manter a nossa singularidade, mas fundir-nos como uma equipe e ser felizes e amar-nos a vida inteira. Por isso, hoje, você e eu vamos ficar à escuta no confessionário do amor. Vamos caminhar por meio de alguns princípios bíblicos, procurando pistas que nos ajudem a manter a música tocando em perfeita harmonia.

A síndrome do super-homem

Já observei que o homem acusado de ser o agressor não é realmente agressivo o tempo inteiro. Quase todos os homens são agressivos nas coisas que os fazem sentir-se confortáveis: ganhar o sustento, proteger a família, manter a imagem masculina. Todavia, quando nos sentimos vulneráveis e inseguros, tendemos a isolar-nos e ficar em silêncio. Veja bem, é a nossa imagem masculina que tentamos proteger.

Quer realidade ou imaginação, a maioria dos homens pensa que se espera deles que tenham certeza de tudo e tomem o controle o tempo todo. Mas quando se trata do coração, nem sempre controlamos os nossos sentimentos. Em vez de arriscar-nos a expor nosso medo, nossa frustração ou nossa necessidade, tendemos a ocultar nossos mais íntimos pensamentos e exibir nossas forças. Por baixo do soar dos tambores de nossa "exibição" está alguém que precisa desesperadamente sentir-se bem seguro para ser vulnerável e honesto.

Quem sabe os homens pudessem ser íntimos se não fossem para a cama vestidos de super-homem. Haverá uma oportunidade de podermos apenas ficar deitados perto de vocês, tocando-as, amando-as, e sermos o Clark Kent? É claro que sim. Você sabe disso, mas nós não. O fato de não saber pode tornar-nos grandes artistas, mas depois de você ter visto alguns shows, o tédio se estabelece.

A pressão para representar está destruindo a possibilidade da verdadeira intimidade. O casamento de alguns não passa de uma série de reprises. O reavivamento não é só para a igreja. É para cada área da nossa vida. Sua motivação para a sua carreira precisa de um reavivamento de vez em quando. O mesmo acontece com o relacionamento com seus filhos, com seu cônjuge, e com tudo o mais. Está na hora de um reavivamento do amor em seu lar.

Se quisermos um reavivamento em nossa vida amorosa e em nosso casamento, como homens precisamos encontrar o ponto certo. Todo reavivamento necessita de um local. Onde começa o reavivamento numa casa que se tornou tão sem graça quanto uma torrada fria? Nós, homens, temos de participar da expedição para encontrar a sede da paixão de nossa mulher e ela, por sua vez, deve agir de modo recíproco.

Toda mulher tem um botão que precisa ser pressionado para garantir a sua paixão e satisfação. Talvez não esteja onde você pensa que está. Estou convencido de que o ponto especial da mulher é o coração. É aí que seus centros nervosos se iluminam e disparam o alarme. Se você realmente quiser que sua dama fique feliz, é melhor tocá-la nesse ponto especial.

Da mesma forma, o homem precisa ser afagado de dentro para fora. Infelizmente, ele não sabe como pedir isso. Algumas vezes nem sabe sequer o que está faltando. Ele pode não estar suficientemente afinado com a solução de problemas para dizer à esposa que precisa de lençóis de algodão. Sabe apenas que se sente miserável ao escorregar na cama nesta síndrome dos lençóis de cetim.

Em vez de comunicar as suas necessidades, o homem prefere medicar o problema a sanar a causa. Em geral mergulha no trabalho, usa drogas, ou parte para uma maratona sexual. Continua em busca de mais dinheiro, mais sexo e mais poder.

Ao escorregar dos lençóis de um relacionamento, os homens feridos correm para essas coisas a fim de consolar-se. É para onde vamos quando não podemos manter a posição que desejamos.

Na verdade não precisamos de dinheiro, de poder nem de sexo; o que precisamos é ser embalados no berço dos braços amorosos de uma mulher, uma mulher que sabe como impedir o escorregão.

O super-homem precisa de um cochilo. Precisa tirar a capa, as botas, e relaxar nos braços de Lois Lane. Mas o homem se pergunta: "Será que ela vai gostar de mim quando eu tirar a capa?". A dama certa não só permite que o homem descanse como também o faz sentir-se confortável nessa situação. Ele pode confiar nela e baixar a guarda.

Não é de admirar que a Bíblia diga que quem acha uma boa esposa acha o bem. A dama certa é "um bem" para o homem que já viu tantas coisas más. A verdade é realmente esta: o grandalhão pode ser poderoso na diretoria, no tribunal ou no campo de futebol, mas às vezes se sente interiormente como um menino e precisa do toque suave dos seus braços amorosos, mulher.

Para a maioria dos homens, amar é mais fácil do que confiar!

O coração do seu marido confia nela, e não haverá falta de ganho.
Provérbios 31.11

O homem tem necessidade de uma boa esposa, a quem possa confiar o seu coração. Ele deve poder colocá-lo nas mãos dela e saber que não palpitará nem se agitará quando estiver na proteção de seus braços. Com a mulher certa, o coração encontra seu lugar de repouso. Ele se aninha nela como um urso hibernando durante o inverno. Ela o aquece. É segura. Sua fragrância suave é o perfume que o acalenta quando adormece e com o qual acorda. Seu coração está nela como um bebê enrolado num cobertor.

Quando o amor é certo, o homem encontra na companheira o que não encontrou em outras. A esposa ocupa completamente sozinha o seu lugar na classe e não tem competidores. Conhece o ritmo do coração do marido, ouve as suas batidas e dança de acordo com elas, e ele vibra com o pulsar das veias dela. Os dois juntos são pura música!

A confiança é um dos maiores conflitos de muitos homens. Eles geralmente acham difícil confiar em qualquer outra pessoa além de si mesmos. O coração masculino é quase sempre guardado e fechado com grande cuidado. Contudo, apesar de tão protegido, continua frágil quando se trata de confiança e amor. O coração do homem é tão frágil quanto a casca tenra do ovo que ainda não se abriu.

A confiança é a raiz do amor para o homem. Quando não há confiança, o amor não tem como nutrir-se. A confiança é a raiz da qual o amor se alimenta.

Há várias áreas de confiança essenciais para que o homem se sinta completo e realizado.

1. Ele precisa confiar nos motivos da mulher

Quando o homem confia na esposa, fica em paz na presença dela e busca refúgio em seus braços. Essa confiança é mais profunda do que o crer no que ela diz. Chega até as suas intenções. Quando falo de confiar nela, estou me referindo à necessidade que ele tem de estar seguro dos seus motivos e de seus valores.

Na verdade, a maioria dos homens não compreende os métodos da mulher; portanto, se não confiar nos motivos dela, nada resta em que confiar. Os métodos femininos são muito diferentes dos masculinos. As mulheres pensam de modo diferente. Reagem de modo diferente. E o único meio para um homem suportar a diferença é sentir-se seguro de que os motivos dela são tão claros quanto a água cristalina da montanha.

Se o homem começar a questionar os motivos da mulher, enquanto ainda se acha confuso com os seus métodos, vai fechar--se imediatamente. Ele precisa saber que o foco da esposa está orientado na sua direção.

Quando o homem perde a confiança na mulher, ele imediatamente se fecha e se afasta. Não responde às lágrimas dela, às demonstrações de afeto nem a nenhum esforço de intimidade. Suspeita dos seus motivos e se mostra cauteloso na presença dela.

Uma vez perdida a confiança, sua recuperação é longa porque o homem não vai baixar suas defesas para que a mulher entre novamente em seu coração. A confiança precisa ser tratada como um tesouro frágil. Seu valor é grande, mas ela se quebra com facilidade. Preserve a confiança; o relacionamento não vai durar sem ela.

2. Ele precisa poder confiar nela sexualmente

O homem precisa saber que o desejo da esposa está direcionado para ele, e só para ele. Poucos homens sentem-se à vontade com uma mulher que goste de olhar para outros, que se interesse por outros. É possível que quando ela age desse modo, nossa sensação seja a de que seu coração há muito se afastou.

Entretanto, essa não é a única área em que o homem precisa confiar sexualmente na companheira. Ele necessita saber que o que se passa em seu leito não virá a ser objeto de conversas na casa das amigas. Precisa saber se ele a agrada ou não, e que ela se limita a discutir esse aspecto da sua relação apenas com ele. Precisa saber que sua mulher é discreta.

Finalmente, precisa poder acreditar nas reações dela, ter a certeza de que a sua resposta é autêntica e não apenas vontade de lhe proporcionar prazer. Se ela o enganar nesse aspecto, não poderá confiar nela e vai encolher-se interiormente. A atitude dela gera dor porque não só o faz sentir-se inadequado, mas também manipulado. Ele acha que ela não está dando valor à inteligência dele.

3. Ele precisa confiar em que ela não mude

> Maridos, vós, igualmente, vivei a vida comum do lar, com discernimento; e, tendo consideração para com a vossa mulher como parte mais frágil, tratai-a com dignidade, porque sois, juntamente, herdeiros da mesma graça de vida, para que não se interrompam as vossas orações.
>
> 1Pedro3.7

O nível de confiança abrange áreas do relacionamento mais nebulosas e difíceis de acomodar. O homem quer que a mulher em quem confia seja firme, da mesma maneira que o viajante procura uma bússola que não mude de direção ou um relógio que não marque as horas erradas.

A mulher que muda amedronta o homem. Ele vive com medo de que em meio a uma crise ela possa mudar em relação a ele. Em geral, o homem não entende as mudanças dela.

Muitos homens ficam confusos com a disposição errática da mulher. Ela chora sem prévio aviso. Faz perguntas e se irrita quando ele responde. Ele pensa que ela está discutindo problemas e quer dar-lhe respostas.

O que ele não sabe é que ela faz perguntas para aliviar a frustração. Ele não compreende que ela quer apenas ser ouvida. Ele tenta ajudá-la oferecendo soluções, e ela se aborrece porque não queria uma resposta. Queria um ouvido. Essas mudanças intimidam a maioria dos homens.

A causa das alterações nas mulheres pode ser biológica. As variações hormonais devidas à menstruação, menopausa, ou gravidez podem fazer com que as mulheres mudem dramaticamente. Mas mesmo que essas mudanças sejam naturais, elas deixam os homens perplexos. Temos ordem para tratar nossas mulheres com discernimento. Mas a confissão sincera de quase todos é que geralmente não compreendemos as mulheres.

Se a esposa quiser ganhar a confiança do marido, deve saber explicar-lhe sua atitude: "Não é que esteja zangada com você, meu bem, acontece que estou passando por uma mudança física que pode afetar-me". Ele tem condições de lidar com aquilo que compreende, o que não compreende é que destrói a sua confiança.

A mulher é uma espécie estranha para o homem. É uma combinação esquisita de força e fraqueza, medos e lágrimas. Essas diferenças a tornam sedutora e provocante, mas podem também torná-la tão estranha quanto uma alienígena. Ela é um romance diferente que ele lê fascinado. É um mistério revelando-se em seus braços.

Às vezes o homem acha que sabe exatamente quais as necessidades da mulher e então, subitamente, ela parece transformar-se diante de seus olhos. Isto torna o homem receoso e introvertido. Os homens são como as tartarugas, ao se sentirem ameaçados, encolhem o pescoço para dentro da carapaça como defesa. O homem às vezes vive fisicamente com a esposa, mas emocionalmente está afastado dela.

Muitas mulheres não sabem que o companheiro com quem dormem já deixou mentalmente o lar. É possível para qualquer dos cônjuges se ocultar numa concha enquanto o outro nem percebe a sua retirada. Em vista dos homens não serem comunicativos por natureza, é possível que se retraiam e não queiram discutir o assunto. Seu corpo está na cama, mas o coração escondeu-se com medo da rejeição, dor, frustração ou de um ressentimento secreto.

4. Ele precisa confiar em que ela não use a franqueza dele contra ele próprio

Em vista da franqueza ser difícil para os homens, eles ficam alertas para verificar os efeitos posteriores da sua abertura. Se seu marido finalmente ganhar coragem para abrir-se com você, tenha cuidado para não usar esse momento de franqueza contra ele mais tarde. Se fizer isso, ele jamais confiará novamente a você seus pensamentos mais íntimos. Suas pequenas pérolas de verdade não devem ser lançadas aos porcos. Não tente também ser a psicanalista dele, pois se sentirá exposto e vai retrair-se.

Quando seu marido confiar seus sentimentos a você, tenha cuidado para não intensificá-los. Se contar como se sente sobre seus pais, não fale mal deles. É possível que tenha apenas necessitado desabafar a sua frustração. Se você o criticar, isso talvez o magoe e faça a sua lealdade entrar em conflito.

Quando ele se abrir para você, algumas vezes o seu silêncio é que vai causar o maior impacto. Um meneio amoroso de cabeça, um toque, algumas palavras e um beijo são a resposta mais eficaz. Se quiser estabelecer confiança, apenas ouça o que ele tem para dizer.

> Porque assim diz o SENHOR Deus, o Santo de Israel: Em vos converterdes e em sossegardes, está a vossa salvação; na tranquilidade e na confiança, a vossa força, mas não o quisestes.
>
> Isaías 30.15

5. Ele precisa confiar em que ela não vá competir com ele

O maior problema que os homens têm em relação à mulher bem-sucedida surge quando o sucesso dela ofusca o relacionamento e os exclui. Ele precisa saber que ela continua achando que ele é quem deve liderar em algumas áreas, mesmo que ela o supere em outras. Não é sábio competir com seu cônjuge. Quando isso acontece ninguém sai ganhando. Todos perdem porque a parceria é devorada pela competição e o casamento se acaba.

Um meio de evitar competir é apoiar um ao outro. O amor verdadeiro sempre edifica a outra pessoa. Admitamos que alguns indivíduos são tão disfuncionais que edificá-los é como construir um castelo de areia perto demais da água. Não importa o que você faça, ele logo será levado embora pela próxima onda.

O homem inseguro não deve casar-se com a mulher que considera sua carreira uma missão. Ele jamais poderá lidar com isso. Até o homem mais estável fica suspeitoso quando sente que está sendo constantemente medido ou comparado com o sucesso da esposa. Algumas vezes até acha que está competindo com o sucesso de um pai ou ex-marido. Não importa de quem seja o sucesso; o que importa é o sentimento de que está sendo medido em relação a ele.

Os homens relutam em compartilhar essas preocupações com uma mulher, mas, esteja certa, quase todos eles as têm. Se a dama atentar nesses pontos, a confiança será estabelecida. Algumas de vocês podem estar pensando: "Sempre violei a confiança e nem sequer percebi o que estava fazendo". Sei como se sente. Todos cometemos erros indesejados. Mas todos temos a oportunidade de corrigir nossas falhas anteriores.

Se você for uma esposa interessada, que deseja mudar os seus métodos, recebeu aqui sugestões úteis que irão capacitá-la a experimentar a completa restauração da confiança no seu relacionamento. Armada com esses instrumentos irá encorajar seu marido a deixar de ser o tipo forte e silencioso e transformar-se num homem que se abre e compartilha seus pensamentos mais íntimos. A vida conjugal de vocês ficará mais rica.

Não lhe transmiti essas ideias para insinuar culpa, mas para ensinar-lhe a linguagem masculina, a fim de que possa usar de franqueza e honestidade com seu marido. O casamento é a colaboração de dois corações que se unem para vencer os obstáculos da vida e criar uma atmosfera de prazer compartilhado e amor mais profundo. Se não puderem concordar nos lençóis, vão para o colchão sem cobertas. Mas, seja o que for, faça com que isso aconteça para vocês dois.

Conversa com o travesseiro

...tudo o que disser lhe será feito.

Marcos 11.23, ARC

Essas poderosas palavras foram extraídas de uma lição que Jesus, o grande professor, compartilhou com seus discípulos sobre o poder da palavra falada. É pertinente que o Deus que criou a terra pelo poder das suas palavras ensinasse então aos discípulos que tivessem cuidado com o que dissessem.

Disse Deus: Haja luz; e houve luz.

Gênesis 1.3

No mesmo espírito compartilho com você o extremo poder que opera quando você usa sua língua para o bem ou para o mal em sua casa e em seus relacionamentos. Os que dizem o que querem sem levar em conta as consequências são tristemente ingênuos. Muitos de nós fomos vítimas de palavras odiosas, irrefletidas, que nos machucaram.

A maioria de nós vive com as consequências das suas próprias palavras, quer seja um "sim" dito precipitadamente ou uma opinião dada depressa demais. Entramos nos relacionamentos com a boca aberta, mesmo que nossos olhos estejam fechados. Muitos disseram coisas que feriram o companheiro e mudaram o teor do seu relacionamento.

Se a sua boca o colocou na relação perturbada em que se encontra, então, teoricamente, parece razoável que a sua boca possa tirá-lo dele. A ferida pode sarar, mas dizer: "Sinto muito" nem sempre é suficiente. Essas palavras mágicas não são tão curativas quanto destrutivas são aquelas que as geraram. Mas com uma cuidadosa reconstrução da credibilidade mediante um discurso controlado, você pode recuperar o que perdeu por causa do abuso de sua língua.

A mulher precisa compreender o efeito que suas palavras têm sobre o desempenho do homem; suas palavras podem motivar ou desintegrar a autoestima dele. De fato, as palavras de uma mulher têm condição de influenciar um homem mais do que qualquer outra coisa.

Pense nisto: vivemos numa sociedade matriarcal. A maioria dos homens conversa com as mães mais francamente do que com os pais. É com a mãe que o jovem jogador de futebol fala ao olhar para a câmera depois de fazer um gol. Os homens foram muitas vezes encorajados por uma voz feminina. Quando crianças, foi uma voz de mulher que os repreendeu e corrigiu. Foi uma voz de mulher que cantou para que dormissem quando tinham medo do escuro. Na maior parte das vezes, uma voz feminina os ensinou na escola.

A voz da esposa tem igualmente esse poder para o homem adul-to. Se essa voz é agressiva e queixosa, afeta a personalidade dele. Por outro lado, uma palavra de ânimo pode renovar seu desejo de viver.

A Bíblia ensina que o poder da vida e da morte está na língua. A mulher que fala ao homem com bons modos e cuidado pode levá-lo a ter mais força e coragem do que a que constantemente o confronta. Suas palavras podem exaltá-lo ou destruí-lo. Ela pode dizer coisas que o façam desejar retirar-se para o eirado em vez de aproximar-se dela.

Ninguém compreende tanto o poder das palavras quanto o pregador. Pregar é apenas a coordenação de palavras com a intenção de edificar e direcionar. Toda revolução na história foi realizada por alguém que sabia o que falar. Quem quer que fale impensa-damente, seja ele homem ou mulher, estará condenando à morte o seu relacionamento.

> Melhor é morar no canto do eirado do que junto com a mulher rixosa na mesma casa.
>
> Provérbios 25.24

O homem foge das brigas, mas extrai forças da mulher que o anima e afirma. Isto não é, porém, exclusividade do sexo masculino. Qualquer de nós irá aproximar-se mais rapidamente da voz cordial da afirmação do que o faríamos da voz estridente das críticas constantes. Os espíritos calmos criam confiança e tranquilidade. Esse é o segredo dos relacionamentos duradouros. É nesse ambiente que a mudança e o desenvolvimento positivos podem ser mais bem realizados.

Mesmo que haja áreas que necessitem desesperadamente de mudança, a hostilidade não promoverá essa mudança; só resultará em ressentimento e o homem ocultará seu coração no eirado. Você pode manter seu amor longe do eirado e na cama com ternura.

A mulher que sabe o que dizer é uma força poderosa. Ela pode influenciar o marido. Não só fortalecê-lo e dar-lhe coragem, mas também motivá-lo. Os homens reagem aos elogios como Deus reage ao louvor. Davi diz que Deus é exaltado mediante o louvor falado:

> Engrandecei o Senhor comigo, e todos, a uma, lhe exaltemos o nome.
>
> Salmo 34.3

Esse salmo usa o verbo "engrandecer", que significa literalmente fazer crescer. Quando louvamos a Deus ele cresce em nossa vida. Qualquer homem que é elogiado começará a crescer. Os homens sempre tentam impressionar as mulheres que se preocupam com eles. Se uma mulher mostrar-se impressionada com um homem que carrega dois pacotes de mantimentos e ainda consegue abrir a porta, ele agarrará três pacotes e lhe dirá: "Olhe só! Sem problema, é moleza". Dirá isso embora esteja sem fôlego e delirante. As palavras dela o motivaram ao desempenho.

É desse modo que as crianças são estimuladas de maneira positiva. O encorajamento dá resultado. Os homens reagem às palavras. Observe um garotinho que recebe um elogio. Veja como ele se esforça ainda mais para impressionar. A voz de uma mulher provocou o menino em nós a esforçar-se mais em tudo que fazemos. Ela nos deu ânimo para lutar contra os gigantes em nossa vida.

É a mesma voz feminina que leva os homens a crescer. A mulher que sabe o que dizer pode fazer com que o homem ponha de lado o jornal e passe a noite em seus braços. É o poder da palavra falada que move os homens. O homem avançará ou será destruído. Tudo depende das palavras que lhe forem ditas.

A mulher pode dizer coisas ao homem que o magoem profundamente, a ponto de ele sentir-se impotente. As palavras dela podem torná-lo impotente sexual, espiritual ou economicamente. A voz feminina é poderosa. Se esse poder for direcionado para o bem, ele será motivado em todas as áreas.

As palavras femininas expressas em voz suave podem influenciar grandemente o homem. Até mesmo Jesus realizou um milagre antes do que o planejado porque Maria, sua mãe, se aproximou dele e lhe pediu ajuda. O pedido dela foi tão convincente que ele transformou a água em vinho.

> Três dias depois houve um casamento em Caná da Galileia, achando-se ali a mãe de Jesus. Jesus também foi convidado, com os seus discípulos, para o casamento. Tendo acabado o vinho, a mãe de Jesus lhe disse: Eles não têm mais vinho. Mas Jesus lhe disse: Mulher, que tenho eu contigo? Ainda não é chegada a minha hora. Então, ela falou aos serventes: Fazei tudo o que ele vos disser. Estavam ali seis talhas de pedra, que os judeus usavam para as purificações, e cada uma levava duas ou três metretas. Jesus lhes disse: Enchei de água as talhas. E eles as encheram totalmente. Então, lhes determinou: tirai agora e levai ao mestre-sala. Eles o fizeram. Tendo o mestre-sala provado a água transformada em vinho (não sabendo donde viera, se bem que o sabiam os serventes que haviam tirado a água), chamou o noivo e lhe disse: Todos costumam pôr primeiro o bom vinho e, quando já beberam fartamente, servem o inferior; tu, porém, guardaste o bom vinho até agora.
>
> João 2.1-10

Se o seu relacionamento perdeu o sabor suave do vinho e se transformou nas águas amargas da rotina mundana, tente falar gentilmente com seu parceiro. Você se surpreenderia com a noite de núpcias que a mulher que sabe falar com o marido pode ter. Resta ainda uma garrafa de vinho fino em seu coração para você. Fale baixinho com ele e fique pronta para dizer que Deus deixou o melhor vinho para o fim.

Estude o poder da língua. Compreenda que se esse poder não for refreado pode pôr em perigo qualquer relacionamento.

> Assim também a língua é uma coisa pequena, mas que prejuízo imenso pode provocar! Uma grande floresta pode incendiar-se por meio de uma centelha pequenina. E a língua é uma chama de fogo. Está cheia de maldade e envenena todos os membros do corpo. E é o próprio inferno que ateia fogo à língua, que pode transformar toda a nossa vida numa chama ardente de destruição e desastre.
>
> Tiago 3.5-6, BV

Ficamos admirados ao pensar que algo tão pequeno possa destruir relacionamentos, arruinar oportunidades, prejudicar crianças, aleijar mulheres e debilitar homens. Vou dizer-lhe a verdade, mais pessoas são feridas pela língua descontrolada do que por qualquer arma de fogo. Ela é pequena, rápida e mortal. O pior é que tendemos a usá-la mais efetivamente contra aqueles que são mais vulneráveis para levar em conta o que dizemos.

Seus verdadeiros inimigos jamais serão machucados pelas suas palavras, porque não lhe darão a honra da sua atenção. As pessoas que a amam e querem estar com você é que provavelmente serão atingidas pelas suas palavras. Um dia olhará nos olhos delas e notará que apagou o fogo que antes brilhava em seu íntimo. Foi a sua língua que causou o desastre.

Pare antes de matar sua amiga, sua carreira, seu filho, ou seu companheiro! Todos os que são perspicazes devem refrear a sua língua. Você pode imaginar o que aconteceria se todos dissessem o que pensam? Só porque sabe dizer a palavra certa para magoar alguém, isso não significa que tenha o direito de falar. Antes de abrir a boca, pese o efeito das suas palavras, porque talvez não possa retratá-las. Tenha certeza do que deve ser dito antes de lançar palavras a alguém esta noite, alguém que talvez queira que a ame amanhã.

É lamentável que a maioria das pessoas que nunca aprenderam a refrear a língua acabem sozinhas, porque todos que poderiam estar ao seu lado foram afastados por uma língua incontrolável. Os filhos vão embora, o marido foge e os empregadores não concedem promoções.

Quanto mais as coisas pioram, tanto mais brutal se torna a língua. Quanto mais virulenta a língua, tanto maior o isolamento. É um círculo vicioso. Você se enxerga nessa situação? Caso positivo, peça a Deus que lhe confira graça para usar a sua língua para o bem e não para o mal. Se permitir, o Senhor tomará a sua língua e a guiará para glorificá-lo em vez de destruir você.

Esta é uma boa oração para ser feita caso esteja lutando neste setor. Guardar uma faca debaixo do travesseiro realmente destrói a possibilidade de conversa para você e para aquele a quem ama. Livre-se desse punhal citando-o em oração. Peça a Deus que coloque um freio em sua língua.

> As palavras dos meus lábios e o meditar do meu coração sejam agradáveis na tua presença, Senhor, rocha minha e redentor meu!
> Salmo 19.14

Sua boca está destinada a pronunciar bênçãos e fazer petições ao céu. Você foi designada para ver respondidas as suas orações. Recebeu uma língua pronta e deve, portanto, acalmar as tempestades e dar vida às coisas mortas que a atacam. O maligno não tem o direito de usar o que Deus lhe deu, mas está tentando fazer uso da sua língua para destruir você. Peço que assuma o compromisso de mudar suas palavras em algo sadio. Se fizer isso, quando for velha ficará cercada de pessoas que desejarão ouvi-la falar.

Quando você ama, sua boca fica cheia de um elixir, mistura do mel dos seus pensamentos e do vinho do seu afeto. Quando fala, o som da sua voz deve provocar paixão em seu cônjuge, e não ser associada ao sofrimento. Existem mulheres capazes de entrar num quarto e pronunciar uma palavra que faz até os maridos inconscientes acordarem.

Lembro-me de um indivíduo que sofreu um terrível acidente e entrou em coma. Os médicos haviam perdido a esperança, mas a esposa não. Continuou falando com ele e orando a seu favor. O homem disse mais tarde que a voz da mulher em seus ouvidos o chamou de volta à vida. Não foi só a oração sincera que o fez retornar; mas uma voz conhecida que o tirou dos braços da morte.

Quando você fala, pode fazer com que o homem saia de um estado de depressão ou desespero. Você tem o poder, faça uso dele para o bem. Se fizer isso, será uma mulher rica durante toda a sua vida. Será rica em amigos, em sucesso e admiração. Os homens apreciam profundamente a mulher que sabe usar desse modo as palavras.

Ao encerrar este assunto, há uma coisa que desejo que saiba. Se quiser manter uma relação positiva, deve haver comunicação entre você e seu cônjuge. No entanto, existe uma diferença entre discutir e resolver um conflito usando a comunicação e desencadear a fúria do inferno sobre alguém com a sua língua venenosa.

Resolvam o conflito, mas não despedacem um ao outro com palavras. Elas são ditas facilmente, mas são difíceis de apagar. Use as palavras para compartilhar os seus sonhos e necessidades e para perguntar ao seu amado o que ele deseja. Vemos as coisas de perspectivas diferentes. Se lhe der apenas o que você quer, isso causará grande frustração, em primeiro lugar porque as suas intenções foram realmente sinceras, mas os seus esforços não obtiveram a resposta apropriada.

Segundo, ele fica frustrado porque dar só é eficaz quando nos humilhamos o suficiente para que as necessidades ou desejos da outra pessoa tenham precedência sobre nossos preconceitos e preferências.

Vocês podem ter de ir para a cama para conversar enquanto as crianças estão dormindo. É isso mesmo, só conversar. Conversem até que a luz da manhã espie pela janela. Você está lutando para salvar a sua vida. Sem comunicação, o relacionamento certamente morrerá e com ele a promessa de amor e consolo para todos os dias da sua existência na terra.

"Então, o que a mulher deve fazer?", você pergunta. Sugiro que enquanto estiverem na cama, ou forem juntos de carro para o trabalho, desenvolvam a arte da comunicação. Algumas vezes falarão em palavras, outras vezes as palavras não serão necessárias. Há ocasiões em que você diz tudo sem abrir a boca. Suas mãos e seus olhos podem quase sempre enviar mensagens mais audíveis se forem usados da forma certa.

Não importa como fale, apenas certifique-se de falar. A comunicação os ajudará a compreender as necessidades mútuas. Negociem as suas necessidades para que todos saiam ganhando. A tarefa de vocês é introduzir alegria na vida um do outro. Não há nada de errado se um perguntar ao outro: "Como posso melhorar a sua vida?". Só o fato de fazer a pergunta já é importante. A consideração implícita nela faz com que a pessoa se sinta amada e valorizada.

Receito-lhes uma boa dose de comunicação: algumas horas de toque, seguidas de uma aplicação generosa de contato visual. Todas as noites, antes de dormir, sussurrem algo no ouvido um do outro, algo que os leve a se aconchegar. O bom relacionamento é como um cobertor quente numa noite fria. Abracem-se e isolem--se dos acontecimentos do dia. Estendam a mão durante a noite para alcançar o ponto aquecido no coração do outro e, então, bem suavemente, sussurrem a sua conversa de travesseiro.

Faça com que ele se sinta suficientemente seguro para amá-la

PARECE ESTRANHO QUE UM HOMEM grande e forte precise sentir-se seguro, mas precisa. Ele pode ter um medo terrível e ficar confuso com o comportamento feminino. Sempre nos ressentimos do que não compreendemos e há muitas coisas entre os sexos que em geral não conseguimos entender.

A confiança é uma área importante de preocupação para ambas as partes. Uma enorme quantidade de livros e artigos de revistas tem explorado a confiança da perspectiva feminina no que diz respeito à infidelidade. Mas parece haver verdadeira escassez de material para ajudar a mulher a entender a necessidade masculina de confiar nela e sentir-se seguro. O que complica ainda mais a questão é o fato de que a maioria dos homens não discute com facilidade seus sentimentos.

A insegurança do homem pode ser devida a sua experiência em relacionamentos anteriores, sejam os seus ou os que testemunhou quando criança. Ele pode ter percebido que abrir-se emocionalmente cria vulnerabilidade. É possível que tenha sofrido pessoalmente quando compartilhou seus sentimentos e os viu atirados em sua face num momento de raiva. O homem nem sempre irá explicar com facilidade a razão do seu silêncio, mesmo quando advertido repetidamente para que faça isso. Algumas vezes fica silencioso sem sequer saber a causa. Ou pode não compreender o efeito que sua atitude suspeitosa e hábitos obstinados têm sobre você.

Aprender a confiar é difícil para o homem. Quando finalmente passa a confiar e essa confiança é traída, tende a fechar-se numa redoma de silêncio e nunca sair dela. Confiança é algo difícil de conquistar, e se você der a um homem causa para sentir que violou a sua confiança, pode ser impossível reavê-la.

Não sei dizer quantos homens me confidenciaram que não confiam em suas esposas. Eles as amam, mas não confiam nelas. Muitos acham que a mulher os manipula com palavras e, então, para defender-se, eles se refugiam no silêncio. Compreenda, porém, que esse silêncio não indica aceitação. Indica apenas que ele se afastou mais de você do que antes.

Os homens, porém, de maneira singular, podem ser sexualmente íntimos e continuar emocionalmente distantes. Não pense que a sua atitude amorosa na cama seja sempre um barômetro indicando corretamente que ele está inteiro em si mesmo ou em seu relacionamento.

Para o homem, confiança é sentir-se seguro de que por mais mudanças que a esposa atravesse em sua passagem pela vida, sua posição junto dela não será ameaçada. É saber que ela não irá enganá-lo. É ter certeza de que ela será sempre sua amiga.

Confiança é a questão que obceca o coração do homem. Muitas vezes, a insegurança que faz com que eles temam o compromisso está associada à confiança. Não se trata de desejarem permanecer solteiros, mas do medo de ter de confiar em alguém. Temem tanto ser magoados que preferem ficar sozinhos.

Alguns homens são criados para não confiar nas mulheres. Parece estranho? A verdade é que muitos cresceram em lares onde viram ou ouviram demais. Esses meninos ouviram as conversas de mulheres descontentes sobre os homens e isso os deixou confusos. Muitos homens carregam cicatrizes de infância infeliz e lembranças infelizes. Eles viram os conflitos, os gritos e ficaram arrasados.

Não importa até que ponto o conflito entre os pais possa ter sido justificado, a criança nunca deveria ouvir a mãe falar mal do pai. Isso a torna desconfiada, pois acha que uma aliança entre duas pessoas foi quebrada, e ela perde o respeito pelo laço do casamento. Quaisquer sejam os problemas que você possa ter com o pai, não use o filho para desabafar sua frustração ou como uma arma numa guerra entre você e seu companheiro.

O filho que se despedaça emocionalmente pode não demonstrar diante de você a sua confusão, mas quando for mais velho terá dificuldade em confiar na esposa. Ele viu traição em sua própria mãe e se não puder confiar nela, em que mulher poderá depositar confiança?

> Não vos falo na forma de mandamento, mas para provar, pela diligência de outros, a sinceridade do vosso amor; pois conheceis a graça de nosso Senhor Jesus Cristo, que, sendo rico, se fez pobre por amor de vós, para que, pela sua pobreza, vos tornásseis ricos.
>
> 2Coríntios 8.8-9

O homem fica vulnerável quando ama e por isso corre perigo. Até mesmo Deus, quando nos ama, torna-se pobre. Isto significa literalmente que o amor gasta os seus recursos nos cuidados. Enriquecemos aquele a quem amamos, mas as nossas próprias expensas. Muitos homens ficam intimidados com o desgaste de um compromisso emocional. É claro que querem os benefícios, mas talvez tenham medo de pagar a conta!

Os homens tendem a sentir-se inseguros quanto a seus próprios sentimentos. Tivemos pouca prática no que se refere a relacionamentos. Nunca brincamos de casinha. Enquanto as meninas brincavam com vestidos de noiva e vestiam a Barbie e o Ken para o casamento, os garotos brincavam com tanques de guerra e jogos que não os prepararam para relacionar-se.

Enquanto as meninas brincavam com bonecas que necessitavam de cobertores, troca de fraldas e mamadeiras, os meninos brincavam com trens que não exigiam muita emoção. Em resumo, os homens são orientados para as "coisas". Temos mais facilidade para tratar com coisas do que com pessoas. Especialmente quando as pessoas têm necessidades tão diferentes das nossas.

É mais fácil para ele dar o dinheiro, o corpo, o conselho, mas quando tem de dar o coração, fica aterrorizado. "O que você fará se eu precisar de você? Se resolver me abrir, o que sairá do meu coração?", ele se pergunta. De repente, até o homem mais forte treme quando sabe que passou da fase do desejo para a de necessidade. Desejar é seguro, necessitar é vulnerável. Ele sente que o seu coração está na mão da mulher, mas teme que essa mão se torne um punho de ferro que irá esmagá-lo e fazê-lo sofrer.

Quando ao pensar na mulher seus olhos ficam úmidos e o coração bate descompassado, o homem começa a se preocupar. Sente-se vulnerável, exposto. Sente que está indefeso no furacão tempestuoso do amor. O que ele não compreende é que o amor da mulher é um abrigo, uma proteção contra o vento. Abra os braços e o coração para ele. Mostre que ele está seguro; deixe que saia do frio.

Sozinha em casa

> E chamou o SENHOR Deus ao homem e lhe perguntou: Onde estás? Ele respondeu: Ouvi a tua voz no jardim, e, porque estava nu, tive medo, e me escondi.
>
> Gênesis 3.9-10

Se o próprio Deus teve de perguntar ao homem: "Onde estás?", você certamente perceberá que toda a nossa sociedade, desde os filhos sem pai até as mulheres sem marido, está fazendo a mesma pergunta com razão. Você sabe que não precisa ser solteira para ficar sozinha. Pode fazer parte de um relacionamento e mesmo assim sentir-se solitária. Talvez haja um homem na cama com você, mas, mesmo assim, se mantém escondido.

Ele pode prover financeiramente para você, voltar para casa à noite e se enterrar numa poltrona e, mesmo assim, não estar ali. As mulheres são tão instintivas que geralmente sabem quando estão sozinhas em casa. Mas embora sinta que ele não está presente, ela em geral não sabe onde ele se encontra. O pior é que talvez não saiba como fazê-lo voltar.

Adão se escondeu ao sentir-se ameaçado, e os homens continuam escondendo-se hoje. Alguns se escondem por trás de uma atitude machista que indica indiferença e que não estão realmente participando. Eles passam a vida agindo como meninos, brincando com brinquedos que sobraram da infância: esportes, contratos de emprego, carros, jogos etc. Esses são os brinquedos ressuscitados da nossa infância.

Meu irmão me disse certa vez que a única diferença entre homens e meninos é quanto eles pagam pelos brinquedos. Compreenda, porém, que os brinquedos nem sempre indicam infantilidade. É o homem evitando as águas desconhecidas da honestidade emocional. É o esconder-se por insegurança, que poderia ser curada por uma dose forte de confiança.

Alguns homens se escondem atrás do trabalho; outros atrás do sexo. Eles perseguem as mulheres como um passatempo, em vez de arriscar-se com um compromisso. Temem levar a relação muito a sério. São meninos que degradam a mulher à posição de brinquedo, sentindo-se então seguros com elas em vez de lidar com um relacionamento mutuamente satisfatório.

O amor não é um monólogo, é um diálogo. Um diálogo que ocorre entre duas pessoas que não sabem qual será a reação do outro. É difícil preparar-se para uma conversa quando você não tem ideia da reação do interlocutor. A imprevisibilidade faz com que alguns homens se sintam desconfortáveis e temerosos. Você ficaria surpresa se soubesse do estado emocional em que alguns voltam do trabalho para casa levando más notícias. Sentem-se ansiosos por ter de contar à esposa o acontecido.

Esse homem é, no entanto, um verdadeiro peso pesado, tem bíceps volumosos e parece o Mister Universo. Se tivesse de enfrentar outro homem, entraria em casa perfeitamente controlado; mas, ali está ele, indo para casa e temendo contar à esposa mignon que fez isto ou aquilo. Não é o tamanho dela que o torna vulnerável, é a sua importância para ele.

Lamentavelmente, a mulher talvez não compreenda que é assim tão importante para o marido. Em geral, ele não sabe como falar-lhe dessa importância. Ele nem quer que a mulher saiba que deu três voltas no quarteirão, preparando-se para contar-lhe o ocorrido. A simples verdade é que ele não confia na reação dela, ou não se sente seguro.

É essa incerteza que impede o homem de falar muito, de se achegar demais. Quem sabe como ela vai reagir? A espontaneidade é excitante! Um beijo inesperado, uma dança alegre — o desconhecido pode emocionar. Mas o que acontecerá se ele beijar uma face que se vira para o outro lado ou dançar com uma parceira que de repente se recusa rigidamente a responder? A incerteza do futuro amedronta tanto o homem quanto um pit-bull amedronta um gato!

O homem se esforça para confiar numa mulher. Será que as palavras dela estão realmente transmitindo os sentimentos do coração? Quando fazem amor, ela está de fato enlevada ou apenas aceitando? Quanto mais a conhece, tanto mais fácil compartilhar seu coração, seus segredos e suas cicatrizes com ela.

Nenhum de nós tem medo de contar a qualquer pessoa algo que julgamos que ela vá aprovar. O verdadeiro teste é falar quando o que temos para dizer é embaraçoso ou negativo. E muito mais desafiador é para o homem contar essas coisas à mulher que ama.

Se ele não estivesse amando, não teria necessidade de ficar intimidado. No entanto, quanto mais ama e mais necessita da mulher, tanto mais inseguro se torna. Ele imagina que se ela soubesse quanto precisa dela, será que ainda o consideraria forte? O que aconteceria se chegasse em casa e chorasse nos seus braços pelo menos uma vez?

O que ele não sabe é que na maioria dos casos a mulher ficaria feliz em ter um marido que se sentisse tão confortável com ela a ponto de ser vulnerável. A dama está cansada de lidar com homens fechados numa armadura protetora. Ela não pode aproximar-se de um homem assim e não quer continuar tentando tocá-lo através de um escudo grosso de metal. Quer tocar o seu coração, sua necessidade e até seu medo. É esse grau de despojamento que lhe dá a segurança de que o amor dele é real. Se não consegue isso, fica fazendo perguntas. Perguntas que enlouquecem os homens, tais como: "Você me ama? Me ama de verdade?".

Por seu lado, os homens pensam que as mulheres são impenetráveis. Um homem olha para uma mulher boquiaberto como uma criança. Ela é linda como um quadro num museu, mas está cercada por paredes de vidro, impedindo que a toque. Esse vidro é a personalidade feminina. As mudanças de disposição, os mecanismos de defesa, são usados para defendê-la de um mundo que nem sempre é justo nem expressa aceitação.

A mulher veste essa armadura para que os homens não possam feri-la como fizeram no passado. A caixa de vidro que cerca a mulher mantém o homem inseguro, e ele acha quase impossível alcançar a alma gêmea do outro lado da sua incerteza. Temos então duas pessoas, ambas embrulhadas e protegidas, mas isoladas e incapazes de se tocarem. Não é de admirar que os relacionamentos sejam tão difíceis.

Você já notou que alguns casais se dão melhor depois de separados, do que quando estavam juntos? Eles desistiram do casamento, não porque aquilo de que necessitavam não se achava nele. É mais provável que não tivessem encontrado um meio de penetrar no envoltório e chegar à essência do coração um do outro. Eles ainda se amam; o fato é que se zangaram por estar tão próximos e, no entanto, tão distantes.

Coisas do coração

O homem silencioso, quase sempre obstinado, olha pela janela ou para o copo que tem na mão. Ele se encerrou nas câmaras de seus pensamentos, sem ver o que ocorre a sua volta. Como um jurado, considera um veredicto com todo cuidado. Pondera se ela é uma testemunha segura e tem credibilidade suficiente para que possa abrir diante dela o coração. Esse coração tem permanecido selado como um cofre e coberto de teias de aranha.

Tentar abrir o coração de um homem é uma tarefa desafiadora. Ele quase sempre lhe oferece coisas em substituição ao coração, pois é mais fácil para ele dar de seus recursos do que dar-se a si mesmo. Essas imitações têm o propósito de apaziguá-la e transmitir afeição sem pôr em perigo o verdadeiro tesouro do seu relacionamento: seu coração.

A maioria dos homens não associa o doar do corpo ao doar do coração, mas as mulheres tendem a fazer ambas as coisas ao mesmo tempo. A mulher quase sempre oferece o corpo só quando está pronta para oferecer o coração. A doação do seu corpo é um símbolo do seu compromisso com o parceiro. Significa que está amando.

A mulher virtuosa se valoriza demais para ser passada de homem em homem. Seu corpo só chega ao altar do amor quando existe um sentimento seguro de afeto. Ela só se entregará fisicamente quando estiver pronta para dar-se espiritualmente. Sempre que oferece o corpo, é uma indicação de que o seu coração está por perto. É verdade, seu coração jaz trêmulo sobre o altar; seu corpo é apenas um aviso de que seus sentimentos são sérios. Indicam sua intenção de continuar o relacionamento. Isto é paixão pura. É amor verdadeiro. Não pode ser exigido nem comprado. Só aparece quando a mulher o entrega livremente, em seus próprios termos.

O coração e o corpo se combinam para formar um elixir, o vinho mais doce que alguém já saboreou. É a experiência inebriante que faz surgir um riso tolo no rosto de um homem no meio do dia. É o que faz a mulher enrubescer e suspirar levemente em sua mesa. Quando a mulher virtuosa entrega seu corpo, está entregando também seu coração e sua alma. Que tesouro a contemplar!

É trágico saber que mulheres se afundaram no abismo da lascívia sem amor. Essas mulheres são geralmente vítimas de uma educação doentia e de experiências traumáticas que as deixaram feridas e com baixa autoestima. Elas não se dão valor e entregam o corpo a quem quer que peça. Outras usam o corpo por pensarem que essa é a única maneira de ganhar um homem. Acham que seu corpo é a única coisa que possuem para negociar no jogo do amor. Mas o amor não é um jogo nem pode ser negociado.

Quando a mulher se entrega fácil demais, ela perde o valor aos olhos masculinos. Se ela não se valoriza, por que eles deveriam

FAÇA COM QUE ELE SE SINTA SUFICIENTEMENTE SEGURO PARA AMÁ-LA 139

fazê-lo? Quando, porém, a mulher sabe que seu corpo e seu coração são duas joias na mesma coroa, ela só dará essa coroa a um homem digno dela. Só deveria entregá-la a um príncipe.

Grande parte das mulheres dá grande importância à entrega do corpo e, por isso, acredita na monogamia. Para elas, a infidelidade é um pecado imperdoável. Quase todas consideram o adultério como o símbolo da traição. Para elas, sexo e amor não são mutuamente exclusivos. Mas a mentalidade dos homens nem sempre é essa.

Muitos homens, infelizmente, provaram que têm capacidade de colocar seus afetos num lugar e suas energias sexuais em outro. Veja bem, os homens acham fácil dar o corpo; a dádiva do coração é que é difícil para eles. Um jovem pode estar pronto para acariciar a namorada, mas tem medo de assumir um compromisso que exija a entrega do seu coração. Se ela lhe pedir que prometa sexo imorredouro, ele prometeria num piscar de olhos. Mas se pedir que prometa amor eterno, ele recua aterrorizado.

O homem vive fazendo sexo e pensando que está recebendo amor. Acha bom e não fica emocionalmente vulnerável. O que não percebe é que está obtendo apenas metade da torta e perdendo a melhor parte. Então continua praticando o sexo sem compartilhar o coração e se perguntando por que não está satisfeito. Para encontrar satisfação, faz ainda mais sexo.

Isto se torna um enorme problema quando o homem é casado. Ele diz que ama a esposa, mas tem medo de dar-lhe o coração. Quando sente que falta alguma coisa no casamento, vai em busca de satisfação fora dele. A parte triste é que esse homem com frequência não percebe que está cometendo um erro.

O homem dificilmente confessa a sua infidelidade. É preciso que seja apanhado para poder confessar. Mesmo quando pego em flagrante, procurará mentir para livrar-se da dificuldade. O homem não entende a ira da mulher nesses casos. Ela se sente suja e vulgar. Em geral pensa que falhou e que de algum modo o problema é uma indicação de sua insuficiência. Foi humilhada e sente-se traída.

Ao confrontá-lo, ela o ataca com insultos venenosos e lágrimas raivosas. Quase sempre diz: "Como pôde?". Para piorar as coisas, ele responde: "Foi apenas sexo. Mas amo você!". A essa altura ela está pronta para matá-lo. Não consegue compreender. Se ele a amasse, teria vindo para casa na noite anterior! Tem razão? Sim, tem razão de esperar compromisso por parte do marido.

Por que, então, ele fica ali parecendo confuso? Pode amá-la e mesmo assim ser infiel? Sim. Pense um pouco. Nós, cristãos, amamos o Senhor, mas somos muitas vezes infiéis a esse amor. Ele espera que sejamos responsáveis e fiéis, não é? Você já quebrou alguma vez sua promessa a ele? E foi perdoada? Sim.

Quer admitamos ou não, todos fizemos coisas tolas que não refletiram nosso coração e nossos valores. Há um ponto em que você percebe que esse homem jamais mudará e que não sente arrependimento. Mas é perigoso recusar-se a perdoar uma pessoa sinceramente arrependida, não importa quem seja ou o que tenha feito. Você talvez tenha de colher mais tarde os resultados de sua atitude rígida. É isto que a Escritura quer dizer quando declara: "Com a medida com que tiverdes medido, vos medirão também" (Mt 7.2).

A sua infração talvez não tenha sido na mesma área de fraqueza, mas todos lidamos com remorsos devidos a pequenos defeitos de caráter. O Deus que nos conhece intimamente observa como julgamos os outros quando temos a vantagem de estar certos. O poder pode ser um verdadeiro teste do caráter. Como você lida com a misericórdia quando se sente justificada para condenar? Tenha isto em mente ao sentenciar seu marido.

Sei que há um ponto sem volta e pode haver casamentos fatalmente atingidos; nem todos, porém, que estão procurando os tribunais precisam realmente disso. Alguns deveriam ir ao altar, onde os votos foram originalmente feitos e pedir a Deus graça para ajudá-los a mudar e curar-se.

É claro que se trata de uma terrível fraqueza de caráter dele, mas as fraquezas podem ser curadas. A decisão é sua. Você pode ir embora e dizer: "Você falhou e eu desisto". Talvez deva fazer isso. Cada caso, no entanto, é diferente. A decisão lhe pertence.

Não elimine depressa demais o perdão. Quem sabe seja possível reavivar a sua relação.

Olhe seu marido nos olhos e talvez descubra que ele não quis magoá-la; só precisa aprender como ser fiel. Ore, pedindo a Deus forças para perdoá-lo e paciência para ensiná-lo. Compreenda que você deve ser suficientemente forte para exigir respeito, mas meiga o bastante para permitir a seu cônjuge graça para crescer. Deve ficar ou partir? Tome a sua decisão cuidadosamente. Permita que o Senhor a guie.

> Bem-aventurados os misericordiosos, porque alcançarão misericórdia.
>
> Mateus 5.7

A verdade é que se não se mostrar aos homens de modo coerente que amor e sexo são inseparáveis, eles não se condicionarão para respeitar o sexo como um sinal de compromisso. Esperamos que haja uma mudança na maneira como a próxima geração está sendo educada. Por enquanto, devemos nos dispor a ensinar aos homens que o corpo e o coração devem andar juntos.

Sei que minhas opiniões sobre os homens foram generalizadas e que existem exceções. Compartilho, entretanto, essas coisas para mostrar-lhes a diferença entre homens e mulheres. Senhoras, a coisa mais importante para vocês é compreender até que ponto os homens protegem o coração. Entendam que ele quer compartilhar de si mesmo, mas tem medo. Para ter a coragem de abrir o cofre das suas afeições, ele exigirá um alto preço, nada menos do que confiança absoluta. O que é confiança no casamento? Foi bom perguntar. É um assunto que merece ser repetido.

Quando o homem confia na mulher, significa que ele não se sente constrangido na sua presença. Examinou os pensamentos dela e sabe que estão em harmonia com os seus. Nos braços dela, ele é tudo que não pode ser com outras. Nos braços dela é um gigante, um guerreiro, um protetor. É um cordeiro, buscando refúgio da tempestade. É forte e corajoso. É uma criança choramingando e tremendo. Nos braços dela, ele é dominador e seguro. Busca paz e segurança neles. Ele a abraça e é abraçado por ela. É o tipo de confiança que o capacita a sussurrar seus maiores medos nos ouvidos dela e a contar-lhe os seus mais sombrios segredos.

A mulher em que o marido confia é prudente demais para rir e preocupada demais com ele para condená-lo. Ela não irá trair a sua confiança, discutir os seus segredos nem revelar suas fraquezas. Não falará mal dele, nem concordará com seus inimigos em público. Está do seu lado. Não se esqueça, ela é a sua costela. Está ligada a ele. Ele confia nela de coração, e ela está sempre ali para ele nas crises da vida.

A mulher confiável é íntegra. Tem boa moral. Deixa que o homem saiba que é constante em seu amor. Que não será manipulada pela opinião de outros nem pelos seus ideais. Ficará com seu homem em meio ao que é certo ou errado. Assim como Deus nos guarda em seus braços, como a mãe abraça uma criança que se machucou enquanto brincava, ela pode repreender e corrigir, mas seu amor é infalível.

Se for necessário condenar o erro dele, faz isso sem condenar o indivíduo que o cometeu. É um porto seguro. É o porto em que ele ancora seus temores e encontra abrigo das tempestades da vida. É o refúgio para o qual corre.

Se essa confiança existir, o casamento pode ser provado, mas não morrerá. Ele é construído para enfrentar os ventos da adversidade. É forte como uma rocha, mas, para ele, tão macio quanto um travesseiro. Esta noite ele estará em casa, pois, como qualquer filho do homem, não tem onde repousar a cabeça. Será que pode repousá-la em você?

> Mas Jesus lhe respondeu: As raposas têm seus covis, e as aves do céu, ninhos; mas o Filho do Homem não tem onde reclinar a cabeça.
>
> Lucas 9.58

Muitos homens sentem-se como se não houvesse onde reclinar a cabeça. Eles continuam procurando — no trabalho, no campo de esportes, no fundo de um copo, nos braços de uma mulher pintada, cujo nome não sabem. São corredores que não conseguem encontrar a linha de chegada. São navios que não chegam ao porto. São ricos e pobres, negros e brancos. São viageiros, são estranhos que viajam pela vida com um olhar tristonho no rosto.

A mulher é a arca construída por Deus para salvar o homem dos temporais da vida. Ela é a fortaleza para a qual ele foge do estresse cada vez maior da existência diária. É a luz na noite. É o elemento do amor e o instrumento da paixão. Ele não vive sem ela, mas onde irá encontrá-la?

Ela lhe faz bem e não mal, todos os dias da sua vida.

Provérbios 31.12

A mulher virtuosa é de fato rara, mas esse é o seu desafio. Mantenha o seu coração centrado e seu olhar fixo. Seja forte, porém reconfortante, firme, mas sabendo perdoar. Mostre ao seu parceiro que é digna de confiança. Guarde os segredos dele e proteja-lhe o coração. Elogie-o quando merecer e perdoe-o quando for indigno. Seja a líder da torcida dele, sua confessora, seu refúgio de amor. Deixe que ele saiba que você se dedica a fazer-lhe bem e jamais lhe fará mal. Seja sua amada, sua alma gêmea, sua amiga. Seja uma mulher virtuosa!

Um dos maiores dons que você pode conceder a um homem é ser constante em seu amor. Como já disse antes, os homens ficam confusos com as mulheres e o que parece o seu comportamento errático delas.

Essa confusão geralmente leva a um senso maior de vulnerabilidade e insegurança. As pessoas sentem quase sempre desconforto diante de algo estranho. Você já teve oportunidade de ir a um lugar praticamente desconhecido? O trajeto parece longo e tedioso. Mais tarde, depois de familiarizar-se, sente que a viagem fica mais curta e mais confortável. Não se trata de a estrada ter mudado, o que mudou foi a sua confiança nela. De repente, não se acha mais vulnerável porque sabe o que esperar.

Quando a mulher muda, por qualquer razão, o homem sente-se vulnerável. Ele pode estar ainda dirigindo, mas subitamente tem a sensação de que está perdido e sem um mapa. Isto é extremamente perturbador, mas ele não faz comentários; apenas silencia. Vocês mulheres sabem que o homem não pede informações. Ele fica dirigindo em círculos, sem saber aonde vai.

A verdade é que ele tem medo de admitir que está perdido. Em vez de pedir ajuda, se irrita e pode começar a dirigir imprudentemente.Antes que perceba já está saindo da estrada, e o relacionamento acaba numa vala com a luz de ré quebrada e um amassado no para-choque.

O homem tem medo de se perder. Ele não tem certeza se a moça com quem vai casar-se continuará a mesma. É esse temor que faz alguns homens evitar o compromisso. Eles sentem que se estão comprometendo com uma mulher que pode de repente bater os saltos do sapato e transformar-se. Esse medo é intensificado para o homem com experiências passadas envoltas em traições.

Aconselhei muitos homens que sofreram uma traição ou perda; esses indivíduos acham difícil expor-se porque sentem que todos a quem ama vão embora ou os atraiçoam. Eles resolvem o conflito emparedando as emoções e, justamente quando a mulher mais precisa deles, não os encontra. A mulher fica, então, com raiva porque o seu homem não a apoia. Fica zangada por vê-lo afastar-se. Enquanto isso, ele fica ainda mais magoado porque acha que ela está mudando.

O que o homem quer é um contrato, um acordo pré-nupcial firme prometendo que a mulher não vai mudar. Mas aliança alguma garantirá que vai obter a mulher original, na forma original, sem nenhuma alteração ou adendo.

Não é realista pedir a ela que não mude em nada. As estações mudam, o tempo muda e os próprios homens mudam. A questão não é então um contrato que garanta não haver mudanças; mas apenas que o homem precisa sentir que a atitude dela não se modificará em relação a ele.

Mulher virtuosa quem a achará?

ESTA É UMA QUESTÃO RELEVANTE PARA OS HOMENS. "Ela vai mudar comigo? Quando evoluir para essa coisa chamada mãe, perderá sua exuberância, paixão, apreciação ou a atração que sente por mim?" Esses pensamentos afligem o coração de muitos homens que acham difícil dizer "sim".

Um homem pode sentir-se atraído por uma mulher acadêmica ou economicamente superior a ele. Em muitos casos, não é a renda maior que o amedronta, é o medo da superioridade dela mudar seus sentimentos para com ele. Teme que o sucesso dela a torne condescendente. Mas a mulher sensata sabe que o sucesso acadêmico ou financeiro não faz dela uma pessoa melhor.

O casamento é uma parceria em que um complementa o outro, a força de um compensa a fraqueza do outro, e vice-versa. Homens e mulheres devem compreender que não importa quem tem individualmente o quê; é a soma das partes que fortalece o casamento.

Infelizmente, muitos homens continuam necessitando validar a sua masculinidade mediante imagens falsas de virilidade. Dinheiro, sexo e poder se tornam as medidas da força. Mas isto não é verdade. É possível ter essas três coisas e continuar fraco. É uma pena que isto tenha sido raramente ensinado ou aprendido em nossa sociedade.

A verdadeira força não pode ser contada em dólares ou aprovada em uma universidade. A verdadeira força é revelada no casamento pela nossa resistência e compromisso mútuos em tempos de adversidade. Em suma, mesmo que você tenha mais graus do que um termômetro, mais dinheiro do que o cofre de um banco, ou seja, mais bela do que um pôr do sol havaiano, se não for capaz de ser boa parceira numa tempestade, ou uma alma gêmea num período de desolação, não é nada afinal.

Homens e mulheres precisam aprender que aquilo que conseguiram empalidece quando não há ninguém para contemplar o seu brilho e qualidade estelar. De que vale uma carreira se não há ninguém com quem dividir as suas realizações? De que vale o dinheiro se não houver ninguém para ajudá-lo a gozar dele?

Mais cedo ou mais tarde conhecemos o perigo da solidão. Você não precisa ser casado para ter alguém em sua vida; pode compartilhá-la com seus pais ou amigos chegados. Mas ai daquele que só viveu para a fama ou a fortuna. No final, a fama não irá apoiá-lo quando tropeçar e a fortuna não pode mantê-lo aquecido à noite.

Meu conselho para um homem casado com uma mulher ambiciosa é simples: aplauda os pontos fortes dela e preencha os vazios. Ela os possui. Todos os temos. Há um lugar ao sol para o homem na vida de uma mulher bem-sucedida. Para a mulher eu digo, verifique se o espaço em sua vida está bem iluminado e que seja fácil para ele enxergar. Não passe a vida tentando provar a alguém que ama que não precisa dele, porque talvez ele acabe acreditando e vá embora. Mostre-lhe o vazio e ele irá preenchê-lo.

Os homens estão destinados a preencher o vazio da mulher. Descobri-lo é a maior motivação que um homem pode ter. Senhora, é o seu vazio que motiva a força dele. Mostrar-lhe o seu espaço irá curar o medo que existe nele. Cavalheiro, se encontrar a luz acesa, entre por favor. Ela está a sua espera.

A mulher virtuosa nunca fará mal ao seu marido. Ela é uma esposa. É um tesouro. Ela é o tipo de mulher cujo apoio muda a situação. Fraca! Não acho! Ela é a combustão do motor. É o vapor do ferro de passar. Ela "lhe faz bem e não mal". É alguém que faz! Essa moça não é uma sonhadora, não é uma ameaça ociosa. É pontual como um entregador de pizza; bate à porta na hora certa e está preparada para atender à necessidade. Não é de admirar que provoque sorrisos sempre que aparece. É passiva, mas agressiva. Não tão passiva que não seja capaz de tomar a iniciativa; todavia, não tão agressiva a ponto de não deixar um papel para ele desempenhar.

A dama é ativa e faz bem ao homem! Ele precisa de você, mulher. Precisa de você como as flores têm necessidade da chuva. Você faz parte do seu destino, é um componente da sua química, o elo perdido. Quando ele a encontra, sabe que achou o osso dos seus ossos e a carne da sua carne.

Ela é o seu corpo. Ela é ele. Deve ser tratada por ele com todo o cuidado como quem trata de si mesmo. Ela não representa competição, e ele não deve sentir-se ameaçado. Deve sentir-se completo nela. Esse é o alvo e, juntos, podem alcançá-lo. É com esse fim que oram. Mas não parem na oração. É com esse fim que se tocam. É com esse propósito que se apresentam juntos na luz do Senhor para unir-se de corpo, coração e alma. É algo tremendo e leva uma existência para completar-se, mas, que jornada incrível!

Tragicamente, são muitos os homens que não aprenderam a arte de estimular as esposas a serem tudo que podem ser. Pelo contrário, preferem amordaçar a criatividade delas na tentativa de firmar sua posição de cabeça. Não compreendem que se ele é a cabeça, ela é o pescoço; e um pescoço fraco não adianta, mesmo para uma grande cabeça. É do interesse do marido encorajá-la a ser tudo que pode ser, porque como ela for, também será o homem a quem ama. Se for insegura, isso irá afetá-lo.

É vantagem para ele que a mulher tenha saúde e inteireza. O homem pode desejar mantê-la quebrantada e dependente; isso aumenta a sua sensação de controle. Mas quando ambos são saudáveis, não há necessidade de controle. Eles são parceiros, trabalhando juntos com o mesmo objetivo.

O homem não precisa temer a mulher virtuosa. Não há malignidade nela. Nem há razão para que se proteja. Suas intenções são transparentes. Ela assumiu o compromisso de ajudá-lo, completá-lo, renová-lo. Ele deve valorizá-la, pois ela é três vezes uma dama: a mãe que ele precisava, a amiga que nunca teve, e a amante que sonhou.

Essa mulher é generosa demais para ser egoísta. Não fala de si mesma, só dele. Por que deveria preocupar-se com as suas próprias necessidades? Isto é tarefa dele. A mulher virtuosa não é para qualquer homem. Alguns não conseguiriam lidar com o amor no nível dela. Mande os meninos para o quarto. Esta é uma mulher para um homem. Esta moça é nota dez. É uma rainha como Ester. Está destinada e reservada para um rei.

> Contigo, porém, estabelecerei a minha aliança; entrarás na arca, tu e teus filhos, e tua mulher, e as mulheres de teus filhos. De tudo o que vive, de toda carne, dois de cada espécie, macho e fêmea, farás entrar na arca, para as conservares vivos contigo. Das aves segundo as suas espécies, do gado segundo as suas espécies, de todo réptil da terra segundo as suas espécies, dois de cada espécie virão a ti, para os conservares em vida.
>
> Gênesis 6.18-20

Mulher, se você ama como uma princesa, certifique-se de que não vai unir-se a um sapo! Nem todos os sapos se transformam em príncipes ao serem beijados. O princípio do acasalamento exige que a união seja conforme a espécie de cada um. Compreendo que a ênfase aqui está na espécie, mas desafio-a a ultrapassar a seme-lhança biológica e identificar a psicológica e a espiritual. Se não fizer isto, provavelmente se casará com um sapo e passará o resto da sua vida tentando transformá-lo em príncipe.

Como é triste descobrir, depois de anos de casamento, que se escolheu a pessoa errada. É por isto que a amargura explode e as uniões deterioram. Não há nada errado com o casamento, mas ele só funciona se você se casar conforme a sua espécie. É possível que ache esse comentário racista, mas não estou absolutamente falando de raça. Tem que ver com o critério. A etnia pode ser diferente, mas se a mentalidade diferir você com certeza vai enfrentar problemas.

MULHER VIRTUOSA QUEM A ACHARÁ? 149

Não entrem debaixo do mesmo jugo daqueles que não amam ao Senhor, pois que tem o povo de Deus em comum com o povo do pecado? Como pode a luz conviver com as trevas? E que harmonia pode haver entre Cristo e o diabo? Como pode um cristão ser companheiro de alguém que não crê? E que união pode existir entre o templo de Deus e os ídolos? Pois vocês são o templo de Deus, a casa do Deus vivo, e Deus disse a respeito de vocês: "Eu morarei neles e andarei entre eles; serei seu Deus e eles serão meu povo". É por isso que o Senhor disse: "Larguem deles; separem-se deles; não toquem nas suas coisas imundas e Eu receberei vocês. Eu serei um Pai para vocês, e vocês serão meus filhos e minhas filhas".

2Coríntios 6.14-18, BV

São muitos os que se colocam em jugo desigual. A Bíblia diz que Adão, por mais que procurasse, não pôde encontrar nenhum auxiliador adequado entre os animais. Isto não significa que não tivesse encontrado algum que pudesse forçar, mas sim que não havia entre eles nada apropriado. Há mais coisas implicadas na seleção de um parceiro do que apenas encontrar alguém de boa aparência ou que esteja simplesmente disposto. É preciso ir bem mais fundo.

Encontrar alguém que tenha os mesmos objetivos e estilo de vida é essencial. Isso me faz lembrar do grande número de pessoas que aguarda um transplante ósseo. Elas necessitam desesperadamente descobrir alguém compatível. O problema não é que ninguém se importe ou não esteja disposto a tentar; mas, sim, que ao serem feitos os testes o material não combina. O corpo não aceita unir-se com algo que não lhe é familiar e você também não deve fazer isso.

Como mulher, você deseja alguém que pareça conhecer há anos. Quer alguém que reflita as suas necessidades e espelhe os seus objetivos de vida. Alguém com quem se sinta à vontade e complemente quem você é e o que gosta de fazer. Essas qualidades precisam ser inerentes à pessoa. Nunca se comprometa com alguém e pense que vai mudá-lo. Acredite em mim, as pessoas raramente mudam e, se o fizerem, é só quando Deus promove a mudança.

Como homem, você desejaria alguém como a mulher de Provérbios 31. Essa mulher é nota dez! No amor ela é sensual; na oração, espiritual; nos negócios, esperta. É uma mulher vibrante e cheia de recursos, hábil e que se estima. Essa mulher é um verdadeiro prêmio. É confortável em sua feminilidade; não se envergonha da sua fragilidade porque sabe que a sua coberta de seda é apenas uma máscara para sua grande força e determinação interiores.

A mulher descrita em Provérbios 31 não é uma manipuladora; tem muita resistência pessoal para precisar viver angustiada como a mulher ardilosa. Sua única preocupação é encontrar o homem certo, aquele que pode ajudá-la a cumprir o seu destino. Não é uma mulher para todos. É tão radiante quanto uma estrela. Não se curva em busca do amor. Ela se destaca na noite. O amor irá encontrá-la. Quando isso acontecer, o planeta vai balançar. É uma mulher de excelência.

Permita que ele venha para casa
Por trás do rugido da voz masculina está um cordeirinho lamuriento. "Me ame", chora ele. "Me ame bem, me abrace bem, me toque bem e fale agradavelmente comigo. Pois você é a minha única amiga, minha confidente, meu único lugar de descanso. É a você que quero impressionar. Não torne as coisas tão difíceis que fique impossível ganhar um elogio em minha própria casa."

Pergunte a qualquer mulher que já amou um grande homem e ela lhe dirá ter visto um menininho espiando pela janela da sua alma. O menino às vezes treme e pede para ser carregado, mas o homem que o envolve não permitirá isso. Mesmo que a estrutura da mulher esteja embrulhada em pele macia e menos massa muscular, isso não significa que não possa ter uma vontade de ferro.

O que a mulher precisa saber é que o marido é o seu oposto. Ele está envolvido em músculos firmes, mas por baixo desse exterior vigoroso estão os ingredientes de que são feitos os ursinhos de pelúcia. Ele precisa que ela respeite a embalagem que o reveste; mas, mesmo assim, toque o conteúdo que fica escondido do seu olhar.

Quando o amor entra em sintonia, ele sente que ela é o abrigo para o qual deve fugir. Quando a vida o açoita, o homem deve ter a certeza de que a esposa está do seu lado. Os seus pensamentos então correm imediatamente para casa, como a criança que caiu e raspou o joelho. Ele sabe que o lar é o lugar de consolo. Tem a certeza de que ali lhe será feito bem e não mal. Ninguém corre para uma voz impertinente. Ninguém foge para um lugar onde há queixas contínuas.

Se você tem um problema, exponha-o, mas não permita que a sua presença seja associada com a ideia de desconforto. Você tem poder para associar-se na mente dele com um lugar de bem e não de mal. Pode tornar-se uma clínica de afeto e uma Florence Nightingale para o soldado ferido. O som da sua voz pode atraí-lo ou afastá-lo. O soldado cansado não quer voltar para casa para lutar. Ele já lutou para chegar até você.

Quando a voz em casa fica gritando em seu ouvido, por que se incomodar em ir para casa? Quando entra pela porta e é bombardeado com lamúrias, pode sentir-se tentado a fazer meia-volta. O teto está com goteiras, o nenê talvez tenha chorado o dia inteiro, e o aluguel ainda tem de ser pago, mas se isso é tudo que ele espera encontrar em casa, é bem provável que pense duas vezes antes de ir para lá.

Não estou dizendo que você não deva contar seus problemas para o seu companheiro; mas, quando ele chega em casa à noite, dê-lhe um beijo no rosto, deixe que ele se acomode numa cadeira e demonstre sua alegria em vê-lo. Se ele não se sentir bem-vindo em casa, talvez procure outro lugar onde pendurar o chapéu. Nessa hora é que a "outra mulher" se torna tão sedutora.

É claro que mesmo quando o lar é um refúgio, o homem pode ser tentado a desviar-se. O casamento nem sempre é fácil. Ele está ancorado na realidade onde o teto goteja, as crianças choram e as contas têm de ser pagas. Um caso extraconjugal com a promessa de emoção e paixão é um perigo e, algumas vezes, o homem tem dificuldade para resistir a esse apelo.

Há ocasiões na vida do homem em que a sedução é irresistível. Como as marés do oceano, essas ondas são às vezes mais fortes.

É pena que muitos homens não sejam ensinados a respeito das mudanças que irão enfrentar e se acham então despreparados, ficam constrangidos e entram na concha. Com quem podem falar sobre a perda do cabelo, do vigor, e de outras mudanças que parecem ameaçar a sua masculinidade? A quem pode contar que está cansado, deprimido e amedrontado por não ser mais o homem que era?

Muitos casamentos sobrevivem à turbulência da juventude e acabam naufragando quando os filhos crescem. Que pedra é essa que destrói a base das uniões que antes admirávamos? Em muitos casos, é o coração masculino que não tem com quem conversar e morre com gritos silenciosos de frustração e temor. Os homens não são como as mulheres. Estas contam umas às outras o que lhes acontece nos vários estágios, enquanto eles possuem um código secreto de silêncio. Esse código arruinou o destino de muitos que poderiam ter sido resgatados.

Que marinheiro desejaria navegar sem uma previsão das prováveis mudanças do tempo? Todavia, quase todos os homens navegam pelo mar da vida ignorando as mudanças em seus corpos, suas necessidades e atitudes. Minha irmã, o seu cônjuge pode entrar numa tempestade sem dizer nada.

Nem sempre é a tentativa de enganar que prende a língua dele. Muitas vezes é o medo e o estresse. Se ele ao menos soubesse que você lhe faria bem. Sei que faria, mas, será que ele sabe? Diga isso a ele! Talvez precise ouvir. Melhor ainda, talvez precise ver. Não fique desanimada se ele não se abrir imediatamente. Até os homens extrovertidos silenciam sobre as coisas que realmente os preocupam.

Quando ele engole afinal o medo e arrisca a sua imagem, abrindo-se para você, quando lhe diz que está perturbado, deprimido, ou sente falta de propósito, virilidade ou emoção, quando lhe conta que a pressão no trabalho roubou-lhe a paixão que possuía antes, apenas ouça. Resista à vontade de sair pela tangente, falando das pessoas no trabalho dele e como você sempre disse que elas o estavam usando. Não é importante que esteja certa.

Nunca diga: "Eu já tinha falado isso para você". Seu marido está gritando por socorro em meio à tempestade. Não se trata de um jogo; ponha de lado o marcador de pontos e seja apenas uma amiga. Não interrompa. De que vale ganhar a partida se você perder esse momento precioso de comunicação e atirá-lo para mais um ano de silêncio emburrado?

Deixe que ele fale e você ouça! É possível que ele esteja aterrorizado com a ideia de ser mortal, e que a perda dos dentes e a calvície o façam sentir-se velho. Pode ter entrado em um nível decrescente de paixão, ou começado a ter problemas de saúde. Talvez ele precise dizer-lhe que a razão de ter iniciado alguns flertes é porque está se sentindo pouco atraente e idoso, e fica pensando se alguém pode ainda achar algum encanto nele. Talvez tenha necessidade de segurança e afirmação. Dê-lhe a oportunidade de contar-lhe quais as suas necessidades e satisfaça-as.

Há épocas em seu relacionamento em que Satanás faz com que você fique tão ocupada que acaba distraindo-se. É possível que não esteja disponível para alguém que ama. Não porque não se importa, mas pelo fato de ter tanto que fazer em outras áreas. E as crianças, onde ficam? Isto geralmente acontece quando eles estão namorando ou na faculdade. Você tem igualmente uma carreira e seus próprios compromissos. Além disso, quando se mostrou disponível, ele é que pareceu distraído. Você então se acomodou e já arranjou outras coisas para ocupar o seu tempo.

No momento em que aceitou a ausência dele, seu marido muda de comportamento. A questão é que o "sr. Sem Tempo para a Intimidade" finalmente acordou e precisa de algo que você tem tentado dizer-lhe há anos. Ele precisa de afeto e intimidade — não apenas sexo. Mas isto é tão estranho para ele que nem sequer sabe como pedir. Quando chega a pedir, se você não tiver cuidado, talvez nem possa lhe dar o que ele precisa.

É possível que tenha aturado alguns sofrimentos no seu relacionamento que a deixaram machucada, precavida e indiferente. Existe algum perdão em você? Se perder essa estupenda oportunidade de reavivar o que poderia tornar-se um amor mais profundo, rico e equilibrado do que qualquer de vocês já experimentou, você continuará arrastando-se doloridamente, e ele... bem, ele irá apenas recuar envergonhado! É certo que deveria lutar pela intimidade, mas não fará isso. Não recebeu as instruções necessárias nesse terreno e é excessivamente egoísta com relação ao problema. Vai chorar quando você não estiver olhando. Vai choramingar no meio da noite. Mas, à luz da manhã, só se afastará.

> Se tomo as asas da alvorada e me detenho nos confins dos mares.
>
> Salmo 139.9

Você talvez se pergunte o que o salmo quer dizer com as palavras "asas da alvorada". Elas se referem às asas da possibilidade. As asas de novos começos e segundas chances. As asas frescas que se estendem no coração descansado de alguém que refez as suas forças durante a noite.

Muitos deixam de apreciar os múltiplos esplendores de um novo dia. A manhã é uma vitória para quem trabalhou a noite inteira. Para o paciente seriamente enfermo, é um triunfo assistir à chegada de um outro dia. Para o negociante ansioso, uma nova oportunidade de sucesso. Para o artista, a possibilidade de apanhar em seu pincel o nascer do sol que explode ao longo da planície.

As asas da manhã devem ser tomadas, agarradas e apreciadas. Muitos não conseguiram voar por não terem tomado as asas da alvorada. Mas elas estão estendidas a sua frente. Não as perca. No final de um dia complicado, você tem sempre a opção de levantar-se disposto e levantar voo para o futuro, espiralando com o vento e ultrapassando a tempestade nas asas da madrugada. Tome essas asas, ressuscite os seus relacionamentos e cure-se. Tome as asas e suba até um lugar de excelência.

A cada nascer do sol, reconheça a luz de Deus brilhando sobre você. Saiba que o Senhor o vigiou durante a noite. Ele se importa com você e o abençoa no dia que começa. A manhã é um período de cura. É um novo dia, uma segunda oportunidade, um novo começo. Não admira que o provérbio desafie a mulher de excelência a tirar pleno proveito da manhã.

PARTE 3

Seu Senhor

Abraçando o Senhor

RELACIONAMENTO ALGUM QUE A DAMA possa ter é mais satisfatório do que o elo que existe entre ela e o seu Senhor. Ser carregada em seus braços eternos promove a cura dos males incorridos em sua busca de qualquer outro relacionamento.

Nos braços do Senhor, a dama encontra restauração. Haverá ocasiões em que vai sentir-se como uma menina e, na sua presença, subirá no colo de um Pai amoroso cuja sabedoria, conselho e amor constante irão protegê-la do adversário quando tiver de lutar. O Pai se torna seu protetor. Ele a protege por meio do seu Espírito. Ele a aconselha com a sua Palavra. Ele a perdoa mediante o seu sangue, e ela está segura em seus braços.

Ele é o consolo que cura a alma feminina e renova sua mente. É o ingrediente que falta e dá validade a qualquer outra busca na vida da mulher. Se obtiver tudo, mas não vier a conhecê-lo, nada terá. O amor do Senhor por ela é tão puro que ela jamais encontrará outro assim. Ele não depende do desempenho, da aparência nem da capacidade intelectual dela.

Deus a amou antes de ser formada no útero da mãe. Seu amor é santo. Ele se torna a base sobre a qual ela constrói o seu caráter. A mulher que conhece o amor de Deus não fica desesperada pelo amor dos homens, porque nos braços dele já encontrou aquilo por que sua alma anseia. Isto não quer dizer que o fato de ter a Cristo irá preencher todo vazio que ela possui como mulher. Mas a sua satisfação na presença dele é tão completa que a distancia da necessidade desesperada de afeto e afirmação que leva outras mulheres a tatearem e agarrarem cegamente na noite. Ela pode correr para Jesus em cada crise e saber que ele não irá falhar, não irá abandoná-la, não irá deixá-la, e não irá mudar.

As mulheres parecem possuir uma capacidade especial de tocar o coração de Deus. Essa capacidade é tão poderosa que Jeremias, o profeta lamurioso, conhecido como homem de grande compaixão, mesmo assim necessitava do poder intercessório das mulheres para tocar o coração de Deus. Ele disse: "Chamai carpideiras, para que venham" (Jr 9.17). É como se ele soubesse que os ouvidos de Deus estão abertos ao choro das mulheres aflitas.

Não se trata de Deus favorecer as mulheres e não os homens, mas o Senhor procura suas filhas e cuida das necessidades delas. Jesus promete: "Quem crer em mim, como diz a Escritura, do seu interior fluirão rios de água viva" (Jo 7.38). Desafio-a, então, de acordo com a sua Palavra, a crer nele. Você acreditou em outros e ficou desapontada. Acreditou em outros e foi rejeitada. Mas esta é a promessa de um homem que não pode mentir. O desafio é para a mulher crer nele. Se fizer isso, seu coração não ficará ressequido, nem seu espírito ficará estéril, nem sua vida, vazia, porque Deus saciará a sua sede com água viva.

Não há sensação tão exigente quanto a da sede de água. Nosso corpo não vive sem ela. A sede é um desejo incessante das partes mais íntimas de nosso ser que só se satisfaz quando levamos à boca a água refrescante e bebemos profundamente.

Esse sentimento renovador e ressuscitador foi prometido por Deus à mulher que nele crê. Muitas mulheres tentaram saciar a sua sede em empreendimentos empresariais, trabalhando febrilmente para alcançar uma posição de poder e ganhos financeiros. Há outras cuja beleza e corpo curvilíneo permitiram que escolhessem o homem que quisessem. Pularam de cama em cama e de braços em braços, desejando encontrar satisfação nos envolvimentos sexuais.

Há até aquelas tão romanticamente inclinadas que, embora fugissem das tentações da promiscuidade, ficaram vulneráveis a qualquer sinal de afeto por parte de um pretendente. Há algo, porém, que toda mulher prudente deve compreender. Não existe nenhum relacionamento humano que possa saciar a sede da alma como o toque de Deus.

Se você esteve procurando toda a sua vida por algo fugidio, se procurou diligentemente o sucesso e todos os seus muitos adornos, mas continua sentindo uma dor íntima que a faz lembrar de que alguma coisa está faltando, eu gastaria de recomendar o único saciador da sede que pode satisfazer o anseio da alma humana. Seu nome é Jesus. Seus braços estão estendidos. Sua voz é calma. Sua sabedoria é sólida. Seu conselho é seguro. Ele irá abraçá-lo a noite inteira.

Está na hora de desejar conhecê-lo de maneira mais profunda da que já o conheceu antes. Ele é mais do que uma visita semanal a um prédio que chamamos igreja. É mais do que a perspectiva histórica que encontramos no livro encapado de couro ao qual damos o nome de Bíblia. Ele é a símbolo da vida. É a força central da qual tudo emerge. "Nele tudo subsiste" (Cl 1.17).

Jesus é a arma secreta da mulher preparada para os dias de hoje. Ela a leva a toda parte. Quer ande com uma pasta executiva e se vista com um *tailleur* formal, ou fique em casa esquentando mamadeiras, ele é a sua arma secreta. Sem ele, ela será sempre vulnerável. Sem ele, jamais terá certeza de nada, certeza de alguém, ou de si mesma. Ele é o fundamento sobre o qual ela constrói.

Você pode perguntar: "Como abraçar um Deus a quem não vejo? Que consolo terei ao falar com um Deus que não posso ouvir? Que satisfação pode ser obtida da intimidade com um Deus que não posso tocar?". Alegro-me com a sua pergunta. Deus não é homem. Você não se aproxima dele com a sua carne. Ele está no seu coração. Nas profundezas de seu espírito é que pode tocá-lo. Se der atenção ao seu ouvido interior, poderá ouvi-lo falar com você. Quando a vida está em crise, ele fala mais alto. Você pode abraçá-lo mediante o louvor.

Para louvar a Deus, é preciso crer nele. Você precisa ser uma mulher de fé, que acredita, para poder levantar as mãos e sorrir para um Deus que não pode ser visto. Para acordar de manhã e pôr os pés no chão, levantar a cabeça para o céu e agradecer a ele por mais um dia, você deve ser uma mulher suficientemente intuitiva para sentir que não acorda por si mesma.

É essa fé que libera a fonte de água viva. É crer que Deus tem a compaixão necessária para fazê-la navegar em meio à desordem e o caos desta vida. É ter fé em que ele não permitirá que você caia quando a tragédia inesperada se abater sobre você.

Esse nível de fé pode provocar zombarias e risos em alguns, mas é a espécie de fé que libera a água que a mulher precisa para sobreviver. Quando a mulher extrai de Jesus a sua água, ela não se sente tão sedenta na presença das pessoas. Não andará pela vida com olhos vulneráveis e uma expressão inquisitiva no rosto. Acordará cantando pela manhã, sentindo-se satisfeita no fim do dia e completa à noite porque encontrou Aquele a quem sua alma ama.

O médico chegou

> Aconteceu que certa mulher, que, havia doze anos, vinha sofrendo de uma hemorragia e muito padecera à mão de vários médicos, tendo despendido tudo quanto possuía, sem, contudo, nada aproveitar, antes, pelo contrário, indo a pior, tendo ouvido a fama de Jesus, vindo por trás dele, por entre a multidão, tocou-lhe a veste. Porque dizia: Se eu apenas lhe tocar as vestes, ficarei curada. E logo se lhe estancou a hemorragia, e sentiu no corpo estar curada do seu flagelo.
>
> Marcos 5.25-29

Da mesma forma que a mulher famosa pela sua hemorragia, toda mulher, a sua própria maneira, procura tocar a barra das vestes de Deus. É uma jornada longa e poeirenta, repleta das experiências da vida e muitos, muitos, falsos médicos. Você notará que a mulher com hemorragia tinha sido tratada por diversos médicos antes de procurar Cristo. De alguma forma, creio que o sofrimento dela foi multiplicado pelas diversas tentativas feitas pelo homem para tratar de um problema que só Deus pode curar. É um erro cometido por muitos procurar no homem o que só Deus pode fazer.

Em última análise, só Deus tem a capacidade de dar fim ao sofrimento. Só ele tem a capacidade de encerrar a busca do coração feminino cujos problemas foram exagerados pelo desapontamento dolorido, provocado pelo tratamento feito por aqueles que não têm a cura para a dor. Esse tipo de decepção vai ocorrer sempre que a mulher pedir ao homem que faça o que só Deus pode fazer.

Alegre-se em seu marido e no seu amor, mas saiba que há certas curas que se acham muito além do amor *eros*. Será necessário o amor *ágape* — o amor de Deus. Ele cura com um toque o que o homem não consegue curar com muitos toques. Isto não pretende minimizar o relacionamento conjugal, mas colocá-lo em perspectiva a fim de que o desapontamento e a amargura não cresçam no coração da mulher que foi ensinada a crer que é possível a um homem fazer o que só a graça de Deus realmente pode.

Falamos sobre a dama e sobre o seu amado, mas não há nada mais importante do que falar sobre o seu Senhor. A mulher precisa curar-se. Ela tem necessidade de encontrar e manter uma relação com um marido que lhe permita satisfazer o seu potencial. Mas, no final, ela desejará satisfação numa área mais profunda do que as mãos humanas podem alcançar. Quer ela saiba quer não como pedir ou onde encontrar isso, irá buscar enfim o toque do seu Senhor.

Muitas mulheres precisam da mão do Senhor em sua vida, mas por não compreenderem o que está exatamente faltando a elas, vão atrás de coisas como: carreira, educação e dinheiro. Nenhuma dessas coisas é perigosa em si mesma, mas quando se torna um substituto para Deus, a pessoa ficará terrivelmente insatisfeita. Depois de anos construindo uma carreira e perseguindo o sucesso, descobrirá que sem Deus tudo é vazio e não tem valor.

Chamo essas coisas de imitações da vida. Como todas as imitações, elas têm certas qualidades que enganam os olhos menos perspicazes, mas sob cuidadosa investigação, o perito pode perceber facilmente que a imitação não se compara de modo algum ao original. "Qual é o original?", você pergunta. O original é o que Eva teve no jardim. É a comunhão com o Senhor.

Se a mulher tiver esse tipo de comunhão para ministrar ao seu espírito, se tiver pensamentos criativos para massagear a sua mente e um companheiro para tocar sua carne, então tem tudo. Não importa quão rica ou bem-sucedida seja, se não tiver Cristo, é tão pobre quanto a igreja de Laodiceia. Essa igreja é a que Apocalipse 3 declara ter reputação de ser rica, mas na verdade era miserável, indefesa e cega.

Anos de vazio e desespero criam um vácuo interior na mulher, fazendo que o seu coração sofra e seus olhos percam a luminosidade. De repente, ela fica com uma mancha interior que a maquiagem não cobre e as joias não escondem. É a percepção inata de que, em algum lugar em seu espírito, existe a pobreza mais profunda que ela já conheceu. Como é tolo pensar que essa pobreza pode ser curada por mãos humanas. Este é o tipo de vazio que só o Senhor pode erradicar. Permita então que ele a toque e cure.

Sei que já foi a muitos médicos, e as grandiosas promessas e medicamentos inúteis não apagaram o seu passado nem aliviaram a sua aflição. Essas promessas assombram sua mente, atormentam o seu espírito e frustram a sua carne. É possível que Deus tenha permitido que acreditemos nos falsos médicos o suficiente para apreciá-lo ainda mais quando nos encontrarmos com Ele. Ele talvez permita que os médicos pratiquem sua medicina inócua para que ao tocarmos algo real possamos identificá-lo facilmente como a cura para nosso mal.

Qualquer que seja a razão, muitas mulheres foram tocadas por médicos sem nenhum mérito. Eles lhes deram falsas expectativas, só para que outro relacionamento desmoronasse, outra promessa fosse quebrada e outra esperança destruída. Não se amargure porém com isto. Corra com todas as suas forças — ande se quiser, rasteje se necessário — para a Palavra de Deus.

Há ocasiões em que a dama não pode curar-se a si mesma; há vezes em que o seu amado não consegue costurar as bordas rasgadas do seu coração partido. É então que tem de estender-se para o Senhor. Foi esse Senhor que a mulher com hemorragia tocou num momento de crise em sua vida e imediatamente sentiu que fora curada. Não há nada tão confortador como saber que sua saúde está boa.

Nem o sucesso nem a fama podem trazer o sorriso pacífico e a calma de espírito que surge em quem reconheceu não estar mais quebrado, mas sadio e completo. Quando a mulher tem saúde espiritual, pode entrar num relacionamento sem desespero; não precisa de ninguém para completá-la. Tornou-se completa pelo toque do próprio Senhor.

A mulher sadia sempre atrairá um homem sadio. Quando se tocam, eles se fundem para criar um casamento sadio. No final, no momento certo, irão produzir filhos sadios que tirarão proveito de serem amamentados pelos seios de uma mulher que não é perseguida pela necessidade desesperada da autogratificação. A vida centrada em Deus tem esse resultado. Essa mulher é virtuosa.

Você notará que ao curar a mulher com hemorragia, Jesus soube que ela fora curada porque sentiu a virtude sair do corpo dele. Foi a virtude que fluiu dele para a mulher que a curou. Mediante o toque de Deus, ela tornou-se uma mulher virtuosa. Você pergunta: "Como obter essa virtude?". Ela não se encontra numa carreira, nem no sucesso. Não está em roupas caras, carros luxuosos ou joias de alto preço.

A virtude só vem quando uma mulher alquebrada se arrasta pelas ruas de pedras de Jerusalém, com os joelhos sangrando, e com mão trêmula toca as vestes de um Senhor cuja presença pode erradicar o sofrimento. Esse toque é tão reverente que a inspira a tornar-se uma mulher virtuosa.

Todos os que se aproximarem dela saberão que algo a distingue das demais — seja no escritório executivo, ao virar-se na cadeira giratória, ou que tenha entrado no escritório apenas para limpá-lo para algum chefe de quem é empregada. Isso não importa, porque a virtude a reveste.

Há um lampejo nos olhos da mulher virtuosa que torna os cosméticos desnecessários. A paz em sua mente excluiu qualquer necessidade de tranquilizantes. Ela dorme à noite. Acorda refrescada. Enfrenta cada dia com coragem porque a sua força não vem do que é externo; está embutida em seu interior. Em vista de ter tocado o Senhor, ela é completa e totalmente sadia.

Quando uma mulher toca o Senhor, ele a transforma para sempre. Sua alma escapa como um pássaro do laço do passarinheiro. Suas asas se estendem pela manhã. Ela navega com o vento e voa para a claridade do sol matinal. Ele é o objeto da sua adoração e o foco da sua visão. Ele se torna a realidade de cada ideia abstrata que já se esforçou para expressar para outros que não compreenderam.

Você deve entender que todos nós ansiamos ter e gozar ao máximo os relacionamentos humanos. Mas só os mais sábios compreenderão que o nível de satisfação de que precisamos não pode vir de outra pessoa. A razão de as interações humanas ruírem e desmoronarem é a nossa audácia de buscar nos homens o que só pode vir de Deus. Sempre nos desapontaremos quando buscarmos a Deus no homem e desejarmos que os homens sejam os nossos heróis.

Temo que tenhamos lido um número excessivo de romances sugerindo um cavalheirismo inexistente. Como acontece com a prata escurecida, logo reconhecemos que o que reluz ao sol do meio-dia irá finalmente perder o brilho quando exposto aos elementos. Isso ocorre com todos: mais cedo ou mais tarde descobrimos que há lugares manchados e nenhum de nós, homem ou mulher, brilha tanto quanto deveria brilhar.

"Onde estão os heróis?", você pergunta. "Para onde foram os nobres? Onde estão todos os relacionamentos perfeitos, eufóricos que vimos na TV?". Devo dizer-lhe que eram todos invenções da sua imaginação, caricaturas mostradas na tela para seu entretenimento. Embora nos esforcemos febrilmente para imitar o que vimos, é preciso compreender que o resultado final é garantido para o casal na televisão porque um roteiro controla a vida deles.

O que fazemos, no entanto, quando não há um roteiro para controlar os eventos do dia a dia? A verdade é que não podemos fazer nada. Não haverá companheiros perfeitos. Não haverá amor sem desapontamento. Mas o desapontamento é minimizado quando só esperamos certas coisas da parte de Deus.

Se buscamos um salvador, seu nome deve ser Jesus. Se buscamos um messias, deve ser o Cristo. Pedir a qualquer outro além dele para atender a tamanha expectativa é pedir a um pote de barro que vire ouro. É pedir que a água seja vinho. É pedir à terra que se transforme em diamante. Impossível. Por isso, querida irmã, se quiser tocar o divino e sentir o poder de Deus, só conseguirá quando se estender para muito além da humanidade e aspirar conhecer o Criador em todas as suas múltiplas facetas e formas.

É claro que você verá traços dele nos homens, nas crianças, e até em você mesma. Mas esses simples traços nunca serão suficientes para suportar o peso de tudo que já experimentou. A esses traços de Deus faltarão as virtudes necessárias para curar os sofrimentos do seu passado e mandar embora os fantasmas que assombram as câmaras secretas da sua memória e imaginação. Esta é uma tarefa de Deus e só dele.

Nas palavras do profeta: "Buscai o Senhor enquanto se pode achar, invocai-o enquanto está perto" (Is 55.6). Ele disse bem. Está na hora de buscar o Senhor, não seus filhos, não seu dom, mas sua pessoa e só ela. Quando nós o buscamos, ele se compraz em dar a cada um de nós os benefícios que só são concedidos mediante o nosso relacionamento com ele.

Parece-me surpreendente que um Deus tão santo pôde abaixar-se tanto e tocar um mundo ferido. Isso me faz lembrar do momento nas Escrituras em que levaram diante de Jesus uma mulher apanhada em adultério. Eles haviam arrastado o corpo esgotado pelas ruas de Jerusalém até onde se achava o Rabino, o Mestre, o Professor. O corpo nu fora machucado pelas mãos de homens cheios de justiça própria, que se julgavam juízes da sua decadência. Eles a puxavam e empurravam enquanto chorava cheia de vergonha e desespero, tentando cobrir-se. Eles a acusaram e depreciaram, levando-a finalmente a Jesus. Haviam planejado apedrejá-la, zombar da sua vergonha e devassidão e exibir em público sua fraqueza pessoal.

Para espanto deles, Jesus não os acompanhou no linchamento da mulher. Em vez disso, pareceu indiferente a tudo que acontecia a sua volta. A Escritura diz que se abaixou e começou a escrever na terra com o dedo. Esse ato de abaixar-se fascina minha mente. Que alguém tão superior pudesse curvar-se tanto.

Não pretendo saber por que ele escrevia. Não tenho certeza de que aquilo que escreveu fosse importante. O que é muito mais importante que eu saiba é que Deus pode abaixar-se até o meu nível e escrever em minha vida. É importante para mim dizer-lhe que existe alguns entre nós cujos defeitos e passado manchado fariam com que fossem apedrejados e atacados; todavia, de alguma forma, a graça e a misericórdia infinitas de Deus nos abraçam. Diante de nossos maiores acusadores, ele tem a capacidade de olhar para além das nossas faltas e ver nossas necessidades.

Quem não amaria um Deus assim? Quem não lavaria seus pés com lágrimas? Quem não levantaria as mãos na sua presença? Ou beijaria as cicatrizes dos pregos em suas mãos, quando essas são as mãos que se estendem para curar as áreas feridas em sua vida? A mulher precisa saber que há um Deus que conhece seus mais negros e profundos segredos e, mesmo assim, tem compaixão dela.

Que mulher não tremeria diante de um Deus que assume a tarefa de defendê-la e colocar-se entre ela e seus atacantes? Que mulher não apreciaria um Deus que se torna um advogado, aceita o caso dela, não cobra honorários e vence o processo? Que mulher não se sentiria reverente ao saber que há um Deus que pode estar convencido da sua culpa, mas insiste em que seja perdoada? Este é o símbolo do amor: saber que todos estamos nus diante dele e, todavia, de alguma forma, pela sua graça, ele se abaixa e toca os lugares escusos em nossa vida.

Reconhecer esse tipo de misericórdia e graça leva a mulher do século vinte e um a apaixonar-se pelo Deus que é chamado de "Ancião de Dias". Ele é mais velho que o próprio tempo e, mesmo assim, mais importante do que o jornal desta manhã. Ele é antes do quando ou do onde. Ele é antes disto ou daquilo. Entretanto, é o Deus a quem ninguém se refere no passado. Ele não é o Deus que foi, mas o Deus que é. É o Deus chamado Eu Sou. Eu Sou o quê?, você pergunta. É o que quer que precise que ele seja, quando precisa que seja.

Lamento e me desculpo por todos os homens do mundo porque nenhum de nós pode ser o que você quer que sejamos e quando quer que sejamos. Ninguém pode ser assim, senão Deus. Ele é o absoluto do qual somos apenas uma sombra. Ele é a realidade da qual somos apenas um substituto. Podemos abraçá-la a noite inteira, mas ele pode abraçá-la por meio dos séculos. Quando nossos braços enfraquecem e se cansam, podemos recomendar um Deus que não dormita nem dorme.

Ele pode deter as pedras que deveriam ser atiradas em você. Uma palavra dele lhe dá a segunda oportunidade de que precisa para ter sucesso. Seu marido pode ser o amante do seu corpo, mas Deus é o amante da sua alma. Seu marido pode beijar seus lábios, mas o Senhor ele pode beijar as lágrimas dos seus olhos, o sofrimento de suas lembranças, as nuvens dos seus céus. Deus é o grande amante. Pagou o preço para ganhar o nome. Derramou o sangue que se fez evidência, e se tornou o juiz deste mundo para encerrar o seu processo. Por causa dele, você está livre.

O supremo caso de amor

Com a habilidade de um cirurgião, devo tomar as próximas palavras e fazer uma incisão com o bisturi da verdade. Oro para que Deus me tenha concedido a capacidade de fazer a necessária distinção entre ter um relacionamento com a instituição da igreja e conhecer o Cristo que a igreja adora. Não quero dizer que unir-se a um lugar de adoração não seja bíblico. É com certeza bíblico. É igualmente apropriado.

Adorar com outros crentes amplia a intensidade da experiência pessoal que compartilhamos com um Deus invisível. O Deus invisível parece quase manifestar-se na presença da adoração comunitária. Quando celebramos coletivamente a nossa fé, somos intensificados mediante o louvor e a adoração unificados.

Devo, porém, alertá-los de que muitas mulheres fugiram do caos dos clubes, da decadência dos relacionamentos fracassados e correram para o santuário da igreja apenas para sofrer outra vez. Isso não é para dar a entender que haja uma falha na igreja. Ela é destinada a ser um lugar de adoração e nada mais. Devemos compreender que a instituição da igreja não é o Salvador. É o Cristo da igreja que salva e, tenho medo, não, estou aterrorizado, com as inúmeras pessoas que buscam refúgio na igreja sem descobrir o Cristo por trás dela. Sem Cristo, a igreja não passa de outro médico inútil.

Essas mulheres preciosas se unem à instituição da igreja como se fosse apenas uma associação, um clube feminino, um alojamento, um lugar para reuniões sociais e para exibição de dons, habilidades e classe social. Elas podem até adorar com grandes manifestações e expressar adoração com intensidade. Contudo, secretamente, quando estão fora do palco e longe da audiência de outros crentes, não têm uma experiência pessoal com o Senhor.

Uma palavra de cautela — não, um desafio — estenda-se por meio do véu da igreja e toque o menino Cristo. Até que o toque, não poderá ficar curada. É espantoso que tantas mulheres vão à igreja semana após semana, culto após culto e não ficam impregnadas com a semente poderosa da Palavra de Deus.

Devemos compreender que Cristo é o objeto de nossa busca e a sua igreja é apenas um dos meios de acesso a ele. Compreendo que não é preciso congregar-se numa igreja para encontrar Cristo. Ele vai aparecer no seu quarto ou no seu carro. Pode até manifestar a sua presença para você agora, enquanto reflete sobre a sua Palavra. Mas, depois de experimentá-lo, você vai querer entrar em contato com outros crentes que compreendem a magnitude da sua experiência. A adoração congregacional é importante e essencial, mas a reunião de pessoas sem a presença de Cristo é uma troca fútil de interesses humanos, retórica religiosa e palavreado que não gera vida.

Você precisa ser uma mulher esperta. Uma mulher inteligente é perspicaz bastante para saber de que necessita e que possui a habilidade para alcançar o alvo determinado. O alvo é ter um relacionamento íntimo, pessoal, com Deus. Ele se torna então o lençol de água subterrânea que reabastece o solo seco e o prepara para a colheita abundante de bênçãos prometidas na sua Palavra.

Você deve buscar a Deus com paixão, com intensidade. É difícil explicar, mas parece haver uma profundidade de adoração que o coração feminino tem a tendência de alcançar, mas só poucos homens irão encontrá-la. Ao que tudo indica, as mulheres sabem de alguma forma como apresentar-se diante de Deus de maneira única e poderosa.

Uma vez que compreende que Cristo é o seu alvo, a mulher parece capaz de concentrar-se nele, atraí-lo e entretê-lo com um nível de louvor tão absorvente que é curada pelo toque dele e abastecida pela sua Palavra. Conheci mulheres que receberam tamanho impacto com a sua presença invisível que se afastaram da presença de outros muito mais tangíveis, mas muito menos eficazes. Em resumo, já vi muitas irmãs se afastarem de um homem que podiam ver, em direção a um Deus que não podiam ver e descobrir na presença dele a paz que ainda não conheciam na vida.

Essas mulheres louvam o Senhor com um romantismo realmente emocionante. Escrevem poemas para ele e cantam canções. Dançam na sua presença. Levantam as mãos para ele no meio da noite. Andam pela casa trocando ideias e brincadeiras. Parecem quase meninas sentadas no colo de um pai idoso, sentindo seu toque cheio de amor. Essas mulheres se levantam do altar do louvor e andam pelas ruas da vida com uma confiança e um conhecimento íntimos que as fazem exibir um sorriso pelo qual homem algum é responsável. São essas as filhas de Sara.

Para ser filha de Sara, você deve ser uma mulher cuja relação com Deus é tão intensa que ao enfrentar desafios rejeita ser intimidada ou vencida. De fato, resiste à tentação de ficar traumatizada pelas crises da vida. Prefere andar na plena segurança de que a presença de Deus caminhará ao seu lado. Ela sabe que Deus é o marido supremo. Ela o viu abrir portas para que entrasse. Viu-o prover todas as suas necessidades. Sua palavra a aconselhou sobre as dificuldades do amanhã e por causa dele é sadia. Ela é filha de Sara. Recusa-se a espantar-se ou ficar confusa. Respira o bem da vida e exala o mal da vida. O ciclo continua sem que haja asfixia porque ela aprendeu que todas essas coisas não passam de um processo que irá levá-la a aproximar-se mais da presença de Deus.

A mulher que encontrou Cristo como amante da sua alma é de fato rica. Este é um caso de amor que o tempo não apagará. É o toque interior contínuo de espíritos. A mulher que encontrou Cristo dança ao som de outra melodia. Ela parece ouvir coisas que as outras não ouvem. Muitos homens se intimidam ao senti-la plenamente realizada. Ela se deita à noite sozinha, mas não solitária. Sabe que se aninhou no berço do seu amor e que se envolveu em seu favor divino. Será forte, e não fraca. Viverá e não morrerá. Lutará sem desmaiar. Porque ele é, ela será também.

De vez em quando, quando a vida traz perigos ou aflições, você verá essa mulher afastar-se da multidão para ficar sozinha. Sozinha? Não, não realmente. Ela deseja fugir da multidão ruidosa de homens e mulheres que não satisfaz suas necessidades íntimas. Quer ficar com ele. Como uma jovem amante, escorregando para fora de casa, à noite, ela se desvia das conversas frívolas para poder concentrar-se na presença de Deus.

O Senhor é o vento sob as suas asas. Quando sopra sobre ela, voa no vento do seu sopro. Ele abastece. A revigora emotiva. Quando encontra obstáculos, Ele sussurra encorajamento em seus ouvidos. É o amante da sua alma. Um compositor de hinos disse isso mais eloquentemente do que eu jamais poderia declarar: "Jesus, amante da minha alma, permita-me voar pelo teu peito". Ao descansar em seu peito podemos pousar nossa cabeça cansada nele, a fim de poder subir aos seus braços eternos e saber que somos guardados pela graça de um Deus cuja misericórdia soberana tomou uma decisão completa sobre nós e somos para sempre, irrevogavelmente, aceitos pelo Amado.

Como é agradável o sentimento de ter finalmente encontrado alguém cujo amor não depende do nosso desempenho. Que paz para todos nós, homens ou mulheres, deixar de lado as buscas frívolas das impressões e ficar livre para subir sem nenhum constrangimento à presença de um Deus cujo coração está cheio de amor por nós.

Como é magnífico saber que todo pensamento dele só visa ao nosso bem. Ele é verdadeiramente o amante das nossas almas e sente mais atração pela mulher que responde ao seu toque com expressões de louvor. A mulher cuja educação manda que diga sempre: "Obrigada". Ela é graciosa demais para ser estabilizada pelo poder dele e depois roubar-lhe a glória, aceitando para si mesma o crédito.

Essa dama sabe que por trás de cada linha do seu sucesso e cada página de suas realizações, ele é o papel em que são escritos os elogios para ela. Ele é o centro e o ponto focal da sua vida. Se olhar com atenção, irá vê-la estendendo-se para ele.

Ao terminar este pensamento e passar a outro, desafio-a a responder ao Senhor embora não possa vê-lo. Ele não está longe. Está bem perto, esperando para apertá-la nos braços, esperando para abençoá-la. Ele é o amante da sua alma. Estenda-se para ele e não apenas para a sua igreja. Não apenas para o seu dom, nem para o dia que tão graciosamente lhe concedeu.

Estenda-se para o Senhor. Permita que ele beije as lágrimas de seu rosto e a embale no seu propósito divino. Você é autêntica demais para ser duplicada. Preciosa demais para ser mal utilizada. Ele enviou seus anjos para vigiá-la. Eles a guardam, e porque Deus a ama tanto, arma nenhuma apontada em sua direção irá feri-la.

Se já houve alguém que valesse a pena tocar, alguém digno da sua atenção, alguém com direito a esperar a sua adoração, é ele. Ele é o amante da sua alma. É o amante do seu passado, presente e futuro. Ouça, querida dama, ele é o seu Senhor.

13

Senhor do seu passado

E, assim, habite Cristo no vosso coração, pela fé, estando vós arraigados e alicerçados em amor, a fim de poderdes compreender, com todos os santos, qual é a largura, e o comprimento, e a altura, e a profundidade e conhecer o amor de Cristo, que excede todo entendimento, para que sejais tomados de toda a plenitude de Deus.

Efésios 3.17-19

Gostaria de aproveitar esta oportunidade para apresentar um aspecto do Senhor que nunca ouvimos anunciado nos púlpitos de nossas igrejas. Embora muitos dos pregadores de Deus louvem o amor maravilhoso dele, poucos tentam descrevê-lo. Como seria possível descrever o que desafia a razão? A que podemos comparar o amor de Deus?

É preciso compreender que quando se trata de paixão, ele é incomparável. Não há ninguém em todo o planeta cuja intensidade possa comparar-se com a magnitude de Deus. Sua paixão é tão avassaladora que a novela mais comovente ou a canção mais tocante não a retrata corretamente.

Deus tem mais ritmo do que a poesia, é mais ardente do que as canções de amor. Seu amor é mais azul que o mar, mais luminoso do que o sol e mais forte do que o vento que sopra entre as árvores. Seu amor tem sido raramente ensinado, compreendido e recebido, o que é lamentável. Só posso tentar descrever o que a Bíblia declara ser "o amor de Cristo que excede todo entendimento".

O astronauta que subiu além da atração gravitacional da terra, deixou nosso planeta para trás, viajou através da nossa galáxia e observou detalhadamente as estrelas e planetas daquela imensa altura, não conseguiu ultrapassar a altura do amor de Deus. O arqueólogo, que cavou o solo escuro até as profundezas, penetrando nas camadas que ficam abaixo da superfície da terra até um ponto em que sentiu o calor do seu centro, não desceu a uma profundidade tão grande que o amor de Deus não pudesse alcançar.

De norte a sul, de leste a oeste, a amplitude do amor de Deus desafia todo e qualquer método de medição. É isso que a Bíblia declara estar além do nosso conhecimento. Essa frase implica que não podemos conhecer totalmente o amor de Deus.

Embora não possamos conhecê-lo, podemos com extraordinária humildade aspirar a esse conhecimento. Podemos esforçar-nos para percebê-lo, para vê-lo. Podemos saltar para alcançá-lo, embora entendamos, antes que nossas fúteis tentativas comecem, que no ápice de nosso empreendimento deixamos de apreender a magnitude e maravilha do amor de Deus, cuja graça desafia nossa mente finita.

Tudo o que posso dizer é que quando o próprio Deus se prepara para descrever a crucificação no primeiro capítulo do livro de Atos, ele a descreve como a "sua paixão". Quando penso na cruz, penso na agonia, na vergonha, no suplício sofrido pelo seu corpo, nos ferimentos em seu rosto: o arrancar da barba, o pregar da sua pele jovem num rude madeiro.

Quando penso na cruz, vejo o quadro mais grotesco de um assassinato já pintado na face do tempo. Foi tão medonho que até o sol envergonhou-se, o solo sentiu tamanho desconforto que começou a tremer. A cruz. O lugar da agonia. O lugar em que o amor foi julgado e condenado à morte. O lugar onde o grande amante teve de provar quanto ele "amou o mundo".

Depois de ter ressuscitado dos mortos, Jesus olhou para trás, para a sua noite de horror, e não sentiu arrependimento nem hostilidade, ira ou vingança. Referiu-se ao acontecimento como a sua paixão.

De repente, reconheço que ele é mais apaixonado do que qualquer pessoa que poderemos encontrar. Pois, se pôde olhar para o seu próprio sofrimento e chamá-lo de "paixão", devo então reconhecer que Deus me ama de um modo que ultrapassa tudo o que podemos chamar de amor. Pois, quem senão Deus pode decidir escrever-nos uma carta de amor com sua própria carne, usar sua mão como papel, dar seu sangue para servir de tinta e declarar sua paixão no mais vibrante tom de vermelho? Que grande amante ele é!

Vou aproveitar esta oportunidade para descrevê-lo mediante a vida do profeta Oseias. Ele disse uma palavra a esse jovem profeta. Quero extrair os detalhes desta poderosa história bíblica e dramatizá-los, para que você possa entender melhor o impacto do texto original.

A razão de Deus dirigir a vida de Oseias é retratar dramaticamente a magnitude do seu grande amor. Ele precisava de alguém para compreender o nível da sua paixão e falou então a esse jovem profeta amável, correto, puro, honrado, que se mantivera incontaminado pelo mundo e se reservara para uma donzela.

Esse jovem, que sem dúvida fantasiara com visões de grandeza alguma moça apropriada para casar-se com ele, deve ter ficado surpreso ao receber de Deus as instruções para a escolha de uma noiva. Ele não o enviou para as princesas que haviam sido treinadas e preparadas para alguém da sua posição. Em vez disso, Deus disse ao jovem profeta que fosse ao pior bairro da cidade e escolhesse uma esposa com um passado tão degradante que ninguém haveria de querê-la.

Que choque deve ter sido para ele o fato de Deus pedir-lhe que se casasse com uma prostituta. Uma mulher da rua, que passara de mão em mão, de cama em cama. Fora manuseada como uma fruta numa quitanda. Tinha cicatrizes e marcas. Muitos homens haviam passado horas acariciando-a e se entretendo com ela. Fora objeto da lascívia deles. Era uma mulher da noite, uma prostituta. Todavia, Deus a escolhera para ser mulher do profeta.

À primeira vista pensaríamos que a história era um exemplo da completa e total obediência, como se fosse uma questão de obedecer a Deus mesmo quando sentimos vontade de desobedecer. Mas esse não é o ponto alto da história. Teria sido bastante surpreendente ver que esse profeta era tão submisso que obedecia a Deus mesmo quando a Palavra de Deus fizesse cair vergonha e críticas sobre ele.

A verdadeira questão, aquela que parece difícil de explicar, é que Oseias depois de ver a mulher passou a amá-la. Estou certo de que ele esperava ser arrastado para esse casamento, cheio de ansiedade e frustração, mas não foi assim. Veja bem, Deus criou nele uma paixão por essa pessoa indigna de amor. É isso que Deus frequentemente faz: amar os que não são dignos de amor.

Como seria possível que um jovem tão puro pudesse amar alguém tão vil? O nome dela era Gômer. Gômer significa "completa", mas ela podia ser tudo menos completa. Pelo menos não era quando a conheceu, mas isso não quer dizer que não fosse antes de tudo ser dito e feito. Veja bem, o nome dele é Oseias que significa "livramento". Quando o livramento entra em ação, você sempre acaba completo.

Quando Oseias viu Gômer, ele a amou. A quem poderia contar que estava amando uma prostituta? Quem acreditaria? Que ridículo! Todos sabem que homem algum se apaixona por uma prostituta. Ela seria alguém com quem brincar como um gatinho brinca com a lã: tocada, usada e depois deixada de lado. Mas não foi assim quando ele a viu, amou-a absolutamente. "Livramento" a viu "completa". Viu o potencial dela e o seu futuro. Assumiu a tarefa de desligá-la do passado a fim de que pudesse ser completa no futuro.

Essa é a tarefa que todas as almas feridas devem assumir. É a tarefa de ultrapassar as tragédias da vida e mover-se para o potencial do porvir.

Feche os olhos por um momento e imagine Oseias parado numa rua, observando Gômer na outra. Ali está a sua noiva, exibindo-se como um vendedor apregoando as suas mercadorias. Ela se encontra na seção de descontos da degradação. Fica ali de pé como uma peça de carne com uma etiqueta de preço em cada parte do corpo. Todos se sentiam atraídos por ela, porém, quando Oseias a fitou, seu coração vibrou apaixonado. Canções explodiram em seu espírito.

Ele não a viu como uma prostituta, mas como sua esposa. Viu--a como mãe de seus filhos, viu-a como uma joia preciosa. Caiu de amores por ela. Pareciam um par estranho. Não estavam sob o mesmo jugo. Não era possível compará-los. Não frequentaram a mesma universidade. Mas, se há uma coisa que todos sabem, é que às vezes o amor não é racional. Ele pode ser até ridículo para os que observam de fora.

A Bíblia diz, porém, que o caso de amor de Oseias não passa de uma ilustração de como Deus se sentiu quando amou seu povo. Pensar que amaria pessoas como nós! Você já fez algo tão horrendo que perdeu o respeito por si mesmo? Já varreu para baixo do tapete um lixo tão hediondo que nem mesmo seus amigos mais íntimos souberam o que você fez ou disse?

Muitos de vocês possuem segredos tão perturbadores que man-cham a sua vida como o café derramado. Todos que se envolvem com você sentem um gosto amargo. Não é intencional. É a triste consequência de tantos segredos enterrados profundamente e nunca resolvidos.

Você já teve uma mancha de culpa que o tempo não apaga? Coisas em seu passado que parecem sangrar por meio de cada su-cesso e realização? Seria possível que apesar da sua devassidão Deus ainda pudesse amá-la? Eu talvez esteja sendo um tanto pessoal, quem sabe é melhor continuar com a história de Oseias. Espero apenas que em algum ponto, entremeado nas linhas, você possa extrair uma fração de sabedoria. Ouça cuidadosamente.

Se essa história tivesse ocorrido hoje, ela apareceria em todos os tabloides. Seria motivo de brincadeira de todo comediante que precisasse de material para o seu número cômico. Como seria ridículo esse nobre, esse pregador em ascensão, esse evangelista mundialmente renomado enamorar-se de uma mulher qualquer.

Por mais ridículo que pareça, foi o que ocorreu. Ele amava uma dama da noite. Você pode imaginar as zombarias dos outros profetas quando ele se aproximou deles? Como esse grande pregador poderia ser respeitado, levando tal mulher pelo braço? Imagine as velhas senhoras tomando chá e discutindo como era decepcionante ver aquele jovem marcado para a grandeza arruinar sua carreira? Embora ouvisse os comentários e sentisse o calor do desprezo deles, Oseias não conseguia mudar. Ele a amava. O amor embota os sentidos para a razão e não toma consciência da opinião pública.

Por mais ridículo que lhe pareça, Oseias casou-se com Gômer. Um matrimônio santo de fato! O que havia de santo nessa união? Como esperaria ele ter um matrimônio santo com alguém impuro? Todavia, fez dela sua esposa. Deu-lhe o seu nome, seus bens materiais, o benefício da sua herança. Cobriu os ombros machucados dela com o manto da integridade. Lavou o perfume almiscarado da luxúria de outros homens da sua pele sensível. Tornou-a alguém.

O que pode apagar o abuso?, você pergunta. O que fará com que o objeto manchado fique limpo? O amor dele fez isso. Ele tirou-a das ruas e a levou para a sua casa. Ele a colocou num outro espaço. Levou-a para lugares em que ela nunca tivera permissão de entrar. Queria torná-la uma dama. Seu desejo era aquecer o seu coração e isolá-la do frio. Beijou o sofrimento das coisas vergonhosas que fizera e não as contou a ninguém. Envolveu-a em seus braços e apertou-a durante a noite até que o tremor desaparecesse, e ela se aninhasse contra ele, como se fosse ficar ali para sempre — mas, não ficou.

Quando saímos do passado sórdido e ambientes prejudiciais, tendemos a recuar quando nos oferecem a bondade desconhecida do amor e da tranquilidade. É surpreendente que ao perceber que nossa vida é má, nos inclinamos a sentir-nos desconfortáveis com a adoração daquilo que parece bom. Penso que é porque discordamos por natureza dos que nos admiram. Essa é a triste consequência da baixa autoestima. Temos a tendência de nos apegar ao que é negativo e opor-nos aos que nos julgam positivamente.

Gômer começou a afastar-se de Oseias. Não se percebia isso inicialmente, mas aos poucos ela se foi distanciando. Ficava muitas horas longe de casa. Passava horas fazendo compras no mercado. Ele notou o olhar distante voltando aos seus olhos. Sabia que a última vez que a abraçara, ela se mostrou reticente. Repetia as mesmas palavras, mas a intensidade diminuíra e a paixão se dissipara.

Ele se viu sentindo o leve perfume de outros homens nela, mas não ousou crer que pudesse ter investido tanto e ser assim desrespeitado. Homem algum quer pensar que seu amor deixou de ser suficiente para prender a mulher. Que golpe para a sua autoconfiança e para a sua autoestima. Todavia, não se podia mais negar. Pouco a pouco, ela passou a ficar distraída e a não se sentir à vontade num lugar confortável. Como quase sempre acontece com as pessoas que saíram de um ambiente pecaminoso, se não tiverem cuidado, se inclinarão a achar a grande bênção da vida um tanto estranha para o seu gosto.

Oseias e Gômer tiveram vários filhos, mas está escrito que nenhum deles se parecia com o pai. É raro que algum homem se sinta bem criando filhos que não gerou, principalmente se foram concebidos enquanto a mulher estava comprometida com ele. Gômer criou os filhos na casa de Oseias. Colocou-os para dormir na cama dele. Ele os alimentou e vestiu. Mas não se pareciam com ele, pelo contrário, se assemelhavam a outros da vizinhança. Todavia, continuou sendo bom para as crianças.

O que Deus está tentando dizer-nos a respeito de si mesmo? Não estaria afirmando que muitas das coisas que concebemos não nasceram dele? E que, mesmo assim, ele protege e cuida das coisas que não nasceram da sua vontade e divino propósito? É admirável que Deus seja tão bom. Ele cuida até dos filhos que trazemos para casa e não foram gerados por ele.

Pense nas muitas aventuras em que embarcamos sem ter orado primeiro. São os filhos que tivemos, nascidos da nossa carne. Poderiam ser os empregos que aceitamos sem pedir o conselho divino. Os lugares para os quais nos mudamos porque alguém nos levou a isso. Podemos até incluir as decisões que tomamos e que não nasceram do propósito de Deus. Deus nos ama tanto que cuida até dos nossos erros. Foi com essa mesma bondade que Oseias criou os filhos ilegítimos de Gômer.

Oseias voltou certo dia para casa esperando encontrar Gômer, mas ela não estava lá. Suas roupas continuavam no armário e seus pertences na cômoda. Tudo no lugar, mas a mulher foi embora. Ela deixou o ninho confortável do amor para o qual fora chamada e retornou ao abismo do qual se levantara. É uma vítima do passado. Enlaçada como um animal enjaulado. Está presa como uma criatura que não conseguiu resistir à isca. Acorrentada ao ontem como um animal maltratado, preso no fundo de um terraço. Embora tente avançar, volta inevitavelmente à crise original.

Oseias corre para procurar Gômer e levá-la para casa. Como é estranho que esse profeta que já se arriscou a ver sua reputação completamente aniquilada vá afundar mais ainda. É estranho vê-lo de lanterna na mão correr pela noite a fim de buscar sua mulher nas ruas. Como irá explicar aos amigos que seu amor não bastou para mantê-la em casa? Um homem não deveria ter de perguntar a outros onde está sua esposa. Oseias deveria saber onde estava, mas não conseguia encontrá-la. Não estava em casa. Deixara o lar. "Vocês a viram?", pergunta ele.

Você pode até imaginar alguém dizendo a Oseias: "Esqueça essa mulher. Ficará melhor sem ela". Há, porém, algo no amor que não permite esquecer. Ele corre então de rua em rua, sentindo o frio das pedras debaixo dos pés e o vento áspero do leste soprando através das suas roupas. Sua voz grita na noite. É o som do desespero. É o chamado de Deus para um mundo perdido e agonizante. "Gômer, Gômer, estou a sua procura e não descansarei enquanto não a encontrar!".

"Que tipo de amor é esse?", você pergunta. É o amor de um Deus, um Deus que interrompe o seu repouso, deixa a eternidade, vem na pessoa de Jesus Cristo e anda pelas ruas gritando por nós, os filhos perdidos, que se afastaram dele. Foi por nós que ele morreu. Não porque precise de nós — ele é Deus sem nós — mas nos ama apesar do nosso passado.

A busca continua. É a busca de um Deus amoroso que fará tudo para alcançar-nos. Não é possível medir a extensão do seu amor. Ele sobe até a mais alta montanha e desce ao mais profundo vale. Quando Oseias encontrou finalmente Gômer, ela se encontrava no vale mais fundo, em deploráveis condições. Era uma simples lembrança do que poderia ter sido. Ele quase desmaiou quando a viu. Sua cabeça começou a girar. Sentiu na boca o gosto amargo da bílis. O chão parecia fugir debaixo dos seus pés. "Gômer!", ele exclamou surpreso. Ela baixou a cabeça envergonhada. Os destituídos ficam às vezes constrangidos demais para serem achados.

Amor que não se envergonha

Ao encontrar Gômer, Oseias viu que ela não vestia mais as roupas finas que ele lhe dera. Tinha o cabelo em total desarranjo e as unhas maltratadas. A mulher se encontrava na plataforma de escravos do mercado. Seu vestido caía em farrapos. Tinha o cabelo despenteado. A pele manchada. Os joelhos nus tremiam e lágrimas escorriam pelo rosto sujo. A mulher dele estava sendo leiloada como se não tivesse valor algum. Os homens riam e conversavam obscenidades sobre ela.

Oseias não fez isso, procurava algo na bolsa. Não se importava de gastar tudo que tinha para comprá-la. A maioria dos homens teria virado a cabeça enojado, mas não Oseias; estava desavergonhadamente apaixonado por ela.

> Disse-me o SENHOR: Vai outra vez, ama uma mulher, amada de seu amigo e adúltera, como o SENHOR ama os filhos de Israel, embora eles olhem para outros deuses e amem bolos de passas. Comprei-a, pois, para mim por quinze peças de prata e um ômer e meio de cevada; e lhe disse: tu esperarás por mim muitos dias; não te prostituirás, nem serás de outro homem; assim também eu esperarei por ti.
>
> Oseias 3.1-3

Os homens riram de Oseias. Deve ser um tolo, disseram. Quem pagaria tanto por tão pouco? Ele a amava e antes de deixá-la voltar ao que era, antes de vê-la novamente acorrentada ao seu passado, antes que fosse outra vez vendida à escravidão, para submeter-se aos caprichos de cada estranho que passasse pela cidade, ele a resgataria.

É isso que Deus faz por nós. Somos aqueles que atraiçoaram a sua confiança e abusaram da sua misericórdia e estamos palmilhando as mesmas ruas traiçoeiras das quais ele nos chamou. É isso que ele faz quando criamos nosso próprio inferno e nos queimamos nas chamas de nossos erros insensatos. Faz o que outros não fariam. Ainda se interessa por nós. Irá a nossa procura e, apesar do embaraço, da vergonha e do trauma, ele nos ama.

Deus pode ver a sujeira que escondemos debaixo do tapete. Viu os erros tolos do nosso passado. Qualquer outro teria dito que não valemos a pena. Mas ele esvaziou os bolsos e disse: "Prefiro a falência a deixar que volte". Como pôde fazer isso?, você pergunta. Não sei explicar. Só sei que a sua Palavra descreve esse sentimento como "paixão". Ele é o supremo amante. Amou-nos tanto que deu o supremo dom aos supremos pecadores. Esvaziou os bolsos. Ama você apesar do seu passado.

Uma coisa que desejo enfatizar é que o passado de Gômer não é o ponto principal da história. Damos demasiada atenção aos pontos negativos em nossa vida e não às influências positivas que nos sustentaram em meio às dificuldades que tivemos de enfrentar.

O verdadeiro prêmio deve ir para Oseias, cujo amor roubou o espetáculo. Ele amou a esposa até tirá-la do seu passado. Esse é o tipo de amor que só Deus pode dar. Se ficasse a cargo somente do homem, este desistiria. É um peso e responsabilidade excessivos para pedirmos que alguém além de Deus carregue. Só Deus tem a paixão necessária para amá-la, tirando-a do seu passado e apresentando-a curada aos outros. Só ele pode remi-la do seu passado e recapturar o seu futuro.

Muitas mulheres são atormentadas pelos problemas que as perseguem. Essas cicatrizes machucam o coração. É preciso, porém, compreender mediante esse sermão ilustrado o que Deus declarou por intermédio de Oseias. O amor dele supera os erros do nosso passado. Ele é um Deus que crê nos menos prováveis e investe nos que vacilam. Veja a confiança dele em você e deixe que ela lhe dê forças para crer em você mesma.

Cuidado: Deus está trabalhando

Esqueci de dizer-lhe: Oseias conseguiu a esposa de volta. Ele a tirou da plataforma e levou-a para casa. Pagou o suficiente por ela para torná-la sua escrava, mas disse: "Não será minha escrava, mas minha mulher e eu seu marido". Aos poucos, com os pontos cuidadosos de um alfaiate especializado, ele emendou os pedaços do coração dela e reconstruiu a sua autoestima. Curou os pensamentos dela. Tocou o seu passado. Restaurou o que a vida tinha destruído. Veja bem, Deus é o Senhor do seu passado.

Se algum dia tiver necessidade de que Deus a costure, remende, ou restaure do trauma, abuso, divórcio, ou qualquer outro problema autodestrutivo, dê tempo para a reconstrução. Talvez fosse melhor pendurar um aviso advertindo os pretendentes: Cuidado, Deus Está Trabalhando.

Muitas vezes vi damas que se precipitaram na ânsia de curar-se e reabriram as velhas feridas. Você é literalmente um canteiro de obras até que ele a renove. Escombros e restos terão de ser removidos por ele durante algum tempo. Mas, quando tudo tiver acabado, você estará "completa", como o nome "Gômer" sugere.

> Também, nele, estais aperfeiçoados. Ele é o cabeça de todo principado e potestade.
>
> Colossenses 2.10

Você talvez se pergunte por que gastei tempo descrevendo cuidadosamente o amor antigo escondido nas crônicas dessa história do Velho Testamento. Vou dizer-lhe a razão. Esta é uma oportunidade rara de Deus ensinar-nos algo que não podemos compreender plenamente. O Senhor quer que você saiba que está disponível para amá-la e tirá-la do seu passado. Esta é uma tarefa dele. Você não vai encontrar marido humano com capacidade para consertar os pontos danificados do seu passado.

Muitos homens desmaiam quando reconhecem que estão carregando nos ombros questões não resolvidas. Quando têm de provar a si mesmos, porque outros homens o fizeram, ficam amargos e sombrios. Deus não é assim. Ele esvazia seus bolsos para poder curá-la antes de apresentá-la a qualquer outro a quem possa amar. Ele declarou que conheceremos a altura, a profundidade, a largura e o comprimento do seu amor. Ao captar, porém, um pequeno lampejo desse sentimento nessa história de amor sentimo-nos reverentes.

Não sei o que aconteceu com você. Não sei onde estava ou com quem estava. Não posso ver os muitos incidentes ou acidentes e traumas aos quais sobreviveu. Mas pergunto-me: "A fragrância do seu perfume mascara o odor do seu passado?". Posso quase ouvir o grito sufocado das crianças que sofreram abuso, cujos problemas da infância estão agora sepultados por baixo de vestidos de seda e bolsas de grife.

Se eu prestar atenção, posso escutar o choro das mulheres estupradas na escuridão e forçadas a guardar segredo durante o dia. Quase posso ver as lágrimas caindo de olhos sofridos, no meio da noite. Posso ver o traço que deixam ao descer pelo nariz e cair silenciosamente no travesseiro.

Nenhum de nós pode mudar o que fomos, ou de quem fomos antes. Entretanto, é importante compreender que o Deus que conhece nossos mais íntimos segredos já limpou a sujeira debaixo do nosso tapete e continua nos amando. Ele nos ama tão perfeitamente que quando outros zombaram, riram, ou até escarneceram ao nos ver na plataforma de escravos, decidiu: "Ainda quero você.".

Ainda que muitos homens a tenham tocado, que a vida tenha abusado de você, que mulheres a tenham maltratado e que as circunstâncias possam tê-la atraiçoado, Deus ainda quer você. Por mais horrendo que seu passado possa parecer aos seus olhos e para os que a rodeiam, ele precisa que você saiba que é o Senhor do seu passado.

Meu conselho é que esqueça as coisas que ficaram para trás e avance para as que estão adiante de você. Recomendo que corra o mais depressa possível para o futuro, distanciando-se da adversidade. Desafio-a a tomar as asas da manhã e voar para o seu destino. Desafio-a a seguir em direção a novos horizontes. Acomode-se nesta nova situação em sua vida. Não volte ao passado. Você está livre. Desta vez deve ficar firme e não se deixar mover. Não haverá volta ao passado.

> Desperta, desperta, reveste-te da tua fortaleza, ó Sião; veste-te das tuas roupagens formosas, ó Jerusalém, cidade santa; porque não mais entrará em ti nem incircunciso nem imundo. Sacode-te do pó, levanta-te e toma assento, ó Jerusalém; solta-te das cadeias de teu pescoço, ó cativa filha de Sião.
>
> Isaías 52.1-3

Desperta, ó cativa filha de Sião, quebra as cadeias do teu pescoço, porque quem o Filho liberta fica de fato livre! Da mesma maneira que Deus livrou Israel, ele a livrará. Você está agora livre do seu passado, livre de seus fracassos e desafiada pelo seu futuro. Um dia melhor a espera. Se puder perdoar-se e aceitar o perdão dele, não há nada sobre o seu ontem que possa atrapalhar o seu amanhã. Avance! Deus tem uma bênção para você. Avance além das lembranças, do sofrimento e do passado. O futuro está a sua frente. O melhor da vida a aguarda. Você pode tê-lo. Tome a vida em suas mãos e carregue-a em seus braços. Avance e tenha uma segunda oportunidade. Ela é sua hoje por causa do amor dele que não se envergonhava.

14

Servindo ao Senhor e ganhando dinheiro

Ninguém pode servir a dois senhores; porque ou há de aborrecer-se de um e amar ao outro, ou se devotará a um e desprezará ao outro. Não podeis servir a Deus e às riquezas.

Mateus 6.24

DEUS NÃO SE IMPORTA QUE VOCÊ GANHE DINHEIRO. O que não quer é que sirva ao dinheiro. Ou seja, você não deve render louvores ao dinheiro como se achasse que ser rico é a resposta para os problemas da vida. Certamente não é. A riqueza não substitui o amor, a família nem a espiritualidade. O que Deus odeia é a ideia insensata de que adquirir coisas traz satisfação. Isto é mentira. Não traz felicidade.

No entanto, devemos admitir que a estabilidade financeira é proveitosa se estivermos bem firmes em outras áreas. O dinheiro é como a maquiagem. Não faz a mulher, mas ela certamente parece melhor quando se utiliza dela. Apesar de toda a timidez moderna sobre o cristão e o dinheiro, a Bíblia está recheada de textos que ensinam a respeito do equilíbrio da economia.

Devemos ser, porém, cuidadosos em adquirir bens sem adorá--los. Deus é ciumento. Ele vai arruinar sua carreira se ela começar a tomar o lugar dele em sua vida. Ai da mulher que se ocupa de-mais ganhando dinheiro e deixar de adorar a Deus. Ele quer ter prioridade em sua mente, em sua vida. Uma vez que isso ocorra, ele prometeu muitas bênçãos para aquela que se sacrificar e contribuir para o reino. Não se trata apenas das bênçãos do céu. A promessa é de abençoá-la agora.

SERVINDO AO SENHOR E GANHANDO DINHEIRO   185

Você deve certificar-se de incluir Deus em seu planejamento financeiro, planejamento dos seus haveres, e em todas as outras áreas de negócio. Ele é a fonte; o seu trabalho é apenas o meio pelo qual você recebe a bênção dele. O Senhor irá multiplicar as suas bênçãos se souber que você não adora o que ele lhe dá.

> Tornou Jesus: Em verdade vos digo que ninguém há que tenha deixado casa, ou irmãos, ou irmãs, ou mãe, ou pai, ou filhos, ou campos por amor de mim e por amor do evangelho, que não receba, já no presente, o cêntuplo de casas, irmãos, irmãs, mães, filhos e campos, com perseguições; e, no mundo por vir, a vida eterna.
>
> Marcos 10.29-30

Quero, porém, adverti-la de que as bênçãos podem significar perseguição. Não deixe de compreender isso. Ninguém ataca uma mulher pobre. Ela pode andar pelas ruas mais perigosas sem ser roubada. As bem-sucedidas é que são mais vulneráveis ao veneno e animosidade. No entanto, não fuja do dinheiro só porque Deus diz para não adorá-lo e as pessoas não querem que você o tenha. Se Deus escolher abençoá-la, aceite a perseguição, minha irmã, e fique com o dinheiro. Ele vai ser útil em sua vida. Vai dar-lhe opções que a pobreza não pode dar. Vai capacitá-la a fazer coisas para o reino que os pobres só podem pedir em oração.

> O festim faz-se para rir, o vinho alegra a vida, e o dinheiro atende a tudo.
>
> Eclesiastes 10.19

Alguém disse que o dinheiro é a resposta para tudo. Ele a ajudará e lhe permitirá muitas coisas. O dinheiro pode ser uma bênção, mas não satisfaz todas as áreas. Tempere o seu impulso pelo dinheiro com a sua paixão pela presença de Deus e será finalmente uma mulher que tem tudo. A mulher excelente, apresentada em Provérbios 31, é alguém que se esforça para obter tudo de que precisa. Ela maximiza os seus potenciais, mas não adora as suas ambições.

É difícil chegar a esse equilíbrio, mas se fizer isso, pode ser uma dama que recebe a admiração do esposo, o favor do Senhor e a confiança em si mesma.

> Examina uma propriedade e adquire-a; planta uma vinha com as rendas do seu trabalho. Cinge os lombos de força e fortalece os braços. Ela percebe que o seu ganho é bom; a sua lâmpada não se apaga de noite. Estende as mãos ao fuso, mãos que pegam na roca. Abre a mão ao aflito; e ainda a estende ao necessitado. No tocante a sua casa, não teme a neve, pois todos andam vestidos de lã escarlate. Faz para si cobertas, veste-se de linho fino e de púrpura. Seu marido é estimado entre os juízes, quando se assenta com os anciãos da terra. Ela faz roupas de linho fino, e vende-as, e dá cintas aos mercadores. A força e a dignidade são os seus vestidos, e, quanto ao dia de amanhã, não tem preocupações. Fala com sabedoria, e a instrução da bondade está na sua língua. Atende ao bom andamento da sua casa e não come o pão da preguiça.
>
> Provérbios 31.16-27

A mulher citada nas Escrituras como virtuosa é uma mulher com talentos e recursos. Algumas pessoas dizem que o cristianismo reprime as mulheres. Não creio que seja verdade. Creio que alguns dos que pregam isso talvez sejam repressores, mas este não é o ensino da Bíblia. Nas Escrituras, a mulher virtuosa é uma pessoa forte, de grande importância.

Quando a Bíblia confere a posição ao homem, isso é feito em benefício da mulher, para que ela possa ser poupada das dificuldades do conflito e das condições inclementes das quais a presença dele pode protegê-la. Na Bíblia, a mulher virtuosa não é de modo algum fraca. É uma criatura criativa, cheia de recursos e agressiva, embora continuando feminina. Procura a companhia do homem, mas não porque lhe falte capacidade para sobreviver sozinha.

Quanta bênção poder escolher o companheiro com base no caráter dele, e não nas suas finanças. Quando a mulher escolhe um marido só pelo fato de ele ser um provedor, talvez escolha alguém financeiramente equilibrado, mas pobre do ponto de vista espiritual. A mulher virtuosa procura um parceiro que tenha sucesso, mas que não se intimide com o sucesso dela.

A mulher virtuosa de Provérbios 31 ensina duas coisas. Primeira, ela encoraja as irmãs a maximizar as suas oportunidades para que não se casem por necessidade financeira. Essa lição é significativa porque o homem bem-sucedido sente atração por mulheres de valor, e não de peso. As mulheres de peso são aquelas que acrescentam pouco e exigem muito. São mulheres que esperam que Deus envie alguém para livrá-las de suas dívidas e assumam o peso da sua opressão.

A maioria dos homens não gosta de ser considerada um talão de cheques. Não querem uma mulher que precise ser salva da ruína econômica, vendo nele um salva-vidas. Os homens fazem o máximo para evitar a mulher que chega com uma bagagem de dívidas e não tem nada que acrescentar ao cofre. Se você não tem esse currículo, ótimo; mas, por favor, não planeje ser um fardo ou trocar dívidas por sexo.

Imite a mulher virtuosa e cuide de suas finanças. Cuide das suas contas para não se tornar uma carga. A mulher virtuosa não quer ser uma carga. Mesmo que as circunstâncias tenham sido adversas para ela, não pretende entrar num arranjo conjugal beneficente. Siga o exemplo dela e cuide do que é seu.

A segunda coisa que a mulher virtuosa ensina é que a mulher economicamente estabelecida deve ter a sabedoria de escolher um parceiro que tenha tanto sucesso quanto ela em alguma área. Não precisa ser a mesma área, mas ele deve ter direito à fama. Dessa forma não haverá ciúmes nem competição entre eles. Ela tem as suas realizações e ele tem as dele. É claro que existem homens que, por mais bem-sucedidos que sejam, não possuem a autoestima suficiente para suportar uma dama bem-sucedida.

O homem precisa estar seguro de si mesmo. Se ele for grande, mas não reconhecer sua própria grandeza, em breve não reconhecerá a da esposa. Tem de ser um homem seguro sem ser arrogante. Muitas mulheres estão sofrendo hoje por estarem sufocadas em

188 A DAMA, SEU AMADO E SEU SENHOR

relacionamentos com homens que não apreciam a habilidade feminina de alcançar sucesso. O homem fica frequentemente intimidado, seja porque ela insiste em jogar suas realizações no rosto dele ou, na maioria das vezes, por ser inseguro. Escolha com cuidado o seu parceiro para que ele comemore o seu sucesso e não a reprima.

> Seu marido é estimado entre os juízes, quando se assenta com os anciãos da terra.
>
> Provérbios 31.23

Se você ainda não é casada, examine bem aquele com quem planeja unir-se, em especial se achar que vai inevitavelmente alcançar uma posição de sucesso e realizações. Tenha a certeza de que está com um homem que não só compreenderá o seu desejo de subir na vida, como também se orgulhe disso.

Se você já for a rainha da empresa que administra, fará bem em deixar o emprego e seu comportamento superior no trabalho. Poucos homens se sentirão à vontade se você dominar em casa. Todavia, é difícil para a mulher habituada a cuidar de tudo saber onde os limites terminam.

Fique atenta e tome cuidado para não pisar nos pés de ninguém. Faça do seu lar um abrigo onde suas realizações sejam louvadas, respeitadas e apreciadas publicamente.

A mulher virtuosa pode conseguir tudo. Ela é uma força em si mesma. Forte o bastante para sobreviver sozinha, mas prefere não fazer isso. Essa mulher não irá manipular uma relação porque são tantas as qualidades recebidas pelo seu andar com Deus, que pode desejar um homem em sua vida, mas não necessita tê-lo.

Deus lhe mostrou como administrar sua vida. Mostrou-lhe como escolher um parceiro que não se intimide e que possa participar da sua vida sentindo-se desejado, e não apenas necessário. Você quer ser uma mulher virtuosa? É difícil, mas, creia-me, vale a pena.

Parece haver um mito de pobreza apegado ao cristianismo. Muitas pessoas, cristãs e não cristãs, consideram o acúmulo de riquezas um comportamento anticristão. Existe uma tendência para pensar que o cristão deve vestir-se como um monge e viver num mosteiro, caso contrário ele não é sincero. Trago, no entanto, uma mensagem de libertação. O propósito do Senhor para você não é que esqueça todas as ambições para servi-lo. Ele quer ser apenas a sua prioridade:

> Não cesses de falar deste Livro da Lei; antes, medita nele dia e noite, para que tenhas cuidado de fazer segundo tudo quanto nele está escrito; então, farás prosperar o teu caminho e serás bem-sucedido.
>
> Josué 1.8

A mulher virtuosa era muito rica e bem-sucedida. A Bíblia a aplaude, mas não apenas pela sua riqueza; seu extremo equilíbrio é a sua maior qualidade. O seu equilíbrio faz dela o modelo ideal para a mulher moderna. Era espiritual, mas, mesmo assim, tinha sucesso. Era maternal e, no entanto, orientada para uma carreira. Era independente, mas construía relacionamentos. Este é o sucesso daqueles cuja vida é cristocêntrica.

Quando você busca o Senhor em primeiro lugar e faz dele a principal prioridade da sua vida, é bem-sucedida em tudo. Ele deve ser o alvo que você se esforça para alcançar. Se fizer isto, ele dará plenitude e inteireza a sua vida, de um modo totalmente diferente daquilo que poderia fazer separada dele.

Você não deseja o tipo de sucesso que destrói o seu lar, isso a estressa e a leva a angustiosas obsessões. Você quer que as suas bênçãos venham do relacionamento com o Senhor. Este é o tipo de riqueza que não a deixa viciada em uma carreira e não afasta a pessoa com quem pode compartilhá-la. O verdadeiro sucesso, do tipo que completa a sua vida e faz de você uma pessoa melhor sob todos os aspectos, só pode vir de Deus.

> A bênção do Senhor enriquece, e, com ela, ele não traz desgosto.
>
> Provérbios 10.22

Saiba que esta é mais do que uma simples declaração sugerindo que você deve ser próspera. É uma mensagem sugerindo que a verdadeira prosperidade é a bênção equilibrada de Deus em todas as áreas da sua vida. Você pode ter tudo, se buscar a Deus em primeiro lugar. Ele se compraz em suprir todas as suas necessidades. Não se importa que tenha coisas, só não quer que as coisas materiais possuam você.

A mulher cristã vem lutando há anos com falsas mensagens que ensinam que o seu lugar é em casa. Mas isso não é bíblico. Você é bem-vinda no lar, se sentir que foi chamada para ser uma deusa doméstica. Mas se a sua inclinação for causar impacto na sua comunidade e sociedade trabalhando, Deus estará com você em sua ambição. O contrato apenas estipula que Deus deve ter o primeiro lugar em sua vida. Quer ser o primeiro acima do seu negócio, de seu companheiro, e de tudo o mais a que você aspira obter.

A mulher pode ser financeiramente bem-sucedida e continuar uma boa cristã, desde que o Senhor seja a prioridade da sua vida. De fato, o princípio do dízimo é simplesmente a pessoa recusando-se a excluir o seu sucesso da sua adoração. Quando alguém reconhece o Senhor como a fonte, leva então o dízimo ao Senhor como uma forma de honrá-lo acima dos bens tangíveis recebidos. É o seu modo de dizer: "Senhor, o primeiro lugar em minha vida é seu!".

> Portanto, não vos inquieteis dizendo: Que comeremos? Que beberemos? Ou: Com que nos vestiremos? Porque os gentios é que procuram todas estas coisas; pois vosso Pai celeste sabe que necessitais de todas elas; buscai; pois, em primeiro lugar, o seu reino e a sua justiça, e todas estas coisas vos serão acrescentadas. Portanto, não vos inquieteis com o dia de amanhã, pois o amanhã trará os seus cuidados; basta ao dia o seu próprio mal.
>
> Mateus 6.31-34

A dama que almeja equilíbrio é inteligente demais para buscar riquezas. Ela sabe que a busca de coisas materiais não traz satisfação. Mas só o fato de não fazer delas a meta da sua vida não significa que não saiba maximizar as bênçãos. Essas bênçãos são benefícios adicionais por ter colocado Deus em primeiro lugar.

É isso mesmo, as "coisas" a que Mateus 6.33 se refere são benefícios adicionais. Quando a mulher faz do Senhor o objeto da sua busca, ela tem condições de receber todos os benefícios relativos à prioridade dada a ele. Essa verdade é ilustrada na história do rei Salomão em 1Reis. Salomão provou que seus motivos eram puros quando pediu sabedoria a Deus. Deus disse então que iria acrescentar riqueza à sabedoria porque as prioridades de Salomão estavam de acordo com o seu propósito.

> Estas palavras agradaram ao Senhor, por haver Salomão pedido tal coisa. Disse-lhe Deus: Já que pediste esta coisa e não pediste longevidade, nem riquezas, nem a morte de teus inimigos; mas pediste entendimento, para discernires o que é justo; eis que faço segundo as tuas palavras: dou-te coração sábio e inteligente, de maneira que antes de ti não houve teu igual, nem depois de ti o haverá. Também até o que me não pediste eu te dou, tanto riquezas como glória; que não haja teu igual entre os reis, por todos os teus dias.
>
> 1Reis 3.10-13

A mulher sábia não busca progresso nos homens ou em Deus. Ela sabe que a sua prosperidade não depende de casar-se com o homem certo. Nem precisa passar a vida perseguindo riquezas. Ela só busca a presença de Deus e ele então lhe dá as coisas que deseja. Quando a mulher sábia procura um marido, ela escolhe com base no caráter dele, e não na sua carteira. Ela quer um homem suficientemente seguro para sentir-se confortável com o seu sucesso. Mas de maneira alguma precisa dele para realizar seus sonhos financeiros. Seu futuro está no relacionamento dela com Deus.

Eva: a mãe da Criação

A mulher foi chamada para ajudar o Mestre no processo criativo do nascimento. Que chamado! A mulher é criativa pela sua própria natureza. Ela carrega sonhos no útero da sua mente e dá à luz ideias que levarão vida a sua família e seus bens. A criatividade é outro dom dado por Deus as suas filhas. Você pode usá-lo em seu pleno potencial.

A mulher virtuosa sabe que mediante a graça do Senhor foi-lhe concedida a capacidade de criar, de ser a força que traz à luz filhos e grandes ideias, um lar feliz e uma vida rica. Ela sabe que deve fazer uso desse dom especial conforme Deus pretendeu. Não fica sentada esperando que as coisas aconteçam; ela as faz acontecer. Não, não sai à caça de riquezas; sabe que buscando a Deus, ele cuidará dela. Mas sabe também que ele já está cuidando, concedendo-lhe os dons do pensamento e da criatividade. O que fazer com esses dons fica a critério dela.

A mulher virtuosa é um bem para quem a conhece. É uma coluna de força. Tem visão e competência para tornar realidade essa visão. Não é uma pessoa com a cabeça no ar, que anda com o rosto levantado para o céu e os pés tropeçando na terra. É uma mulher que faz o máximo com a sua vida. É isso que o Senhor quer para suas filhas. Quer que você maximize a sua vida. Não é desejo dele que você passe a vida esperando por alguém ou por alguma coisa. Se continua sentada na torre esperando o príncipe encantado aparecer num cavalo branco e pegar o seu lenço, aconselho-a veementemente que desça as escadas, pegue o seu próprio lenço e aproveite a vida.

Não estou dizendo que ele não virá, só afirmo que enquanto isso você está desperdiçando tempo precioso. Quando ele chegar, é bem provável que se sinta mais atraído por uma mulher cuja vida e finanças não precise resolver.

Admito que muitos homens gostam de mulheres que parecem um tanto indefesas. Isso nos faz sentir necessários. Mas há uma diferença entre a mulher que age dessa forma e a que é realmente indefesa. Todos queremos nos associar com pessoas que são um bem, não um fardo. Antes de pedir um príncipe, tenha certeza de que você é pelo menos uma princesa.

As histórias de Cinderela não acontecem toda hora. É por isso que são histórias de fadas e lidas para pessoas que querem sonhar. Se quiser viver o seu sonho em vez de dormir enquanto ele se desenrola, é melhor apressar-se e transformar seu esfregão em uma empresa de faxina. Você então poderá comprar seu próprio sapatinho de cristal!

A criatividade começa com um respeito sadio pelas suas opiniões e pensamentos. Quero que você levante toda manhã e agradeça ao Senhor por sua criatividade. Agradeça a ele pelos pensamentos que precisa para resolver os seus problemas. Sei que talvez sinta que não tem ainda as soluções, mas tenha fé em Deus e em você mesma e as respostas virão. Você e Deus são a equipe que vence as lutas e leva para casa o troféu. Muitos têm autoconfiança e não têm fé em Deus. Outros têm fé em Deus e nenhuma em si mesmos. A pessoa equilibrada sabe, porém, que ambas as coisas são necessárias e por meio dele encontrará o seu caminho.

> Tudo posso naquele que me fortalece.
>
> Filipenses 4.13

Quando Paulo diz: "Tudo posso", isso é autoconfiança. A seguir ele continua: "Naquele (Cristo) que me fortalece", isso é fé em Deus. Ele reconhece a sua relação com o Senhor em seu nicho secreto. Isso o fortalece. Permita que o Senhor a fortaleça enquanto goza a sua vida e os muitos desafios que ela lhe oferece.

Já que a autoconfiança e a confiança em Deus são tão vitais, vamos examinar melhor essas duas áreas. A autoconfiança trata das autopercepções. Como você se vê? A autopercepção nem sempre está apoiada na realidade. Algumas das pessoas mais inteligentes do mundo podem pensar que são ignorantes e o indivíduo que é tão ignorante quanto um tronco de árvore pode convencer-se e a todos os demais de que realmente sabe do que está falando. O engraçado é que você se transforma verdadeiramente naquilo que pensa que é. Se considerar-se incompetente, nunca terá sucesso.

Não importa se é mesmo incompetente ou não. Se julgar-se um fracasso, vai fracassar. Como surgem essas autopercepções? Elas são em geral ensinadas. Nossos pais, professores e as pessoas que respeitamos são nossos espelhos, refletindo para nós a nossa imagem. Os cumprimentos, elogios e encorajamentos nos ajudam a desenvolver uma autoimagem positiva. Mas as críticas, as palavras maldosas e as mentiras cruéis nos causam danos irreversíveis.

O abuso e o trauma nos prejudicam sem deixar cicatrizes externas. É menos debilitante ficar fisicamente paralítico do que ter autopercepção deficiente. Conheci mulheres com problemas físicos e, mesmo assim, são pessoas produtivas que aproveitam a vida. Embora fisicamente incapacitadas, elas se recusam a permitir que o negativismo se insinue em sua autoestima.

Conheci também mulheres perfeitamente sadias, mas que não sabiam disso. Eram inválidas emocionais, desajustadas e infelizes. Essas mulheres viviam na sombra, como se presas de uma maldição. Eram perseguidas por fantasmas e restrições imaginárias. Estavam atadas às masmorras de obstáculos invisíveis. Pessoas assim estão sempre necessitadas e aflitas, são em geral promíscuas e raramente dedicadas. Sentem essa sede de ajuda porque não descobriram os seus próprios recursos.

Toda vez que você não se vê como um recurso, irá em busca de alguém a quem possa recorrer. Essa ajuda acaba tornando-se permanente e, como um carro com as luzes acesas, você acaba descarregando a bateria de todos que a cercam até que os relacionamentos acabem.

> Ora, aquele que é poderoso para fazer infinitamente mais do que tudo quanto pedimos ou pensamos, conforme o seu poder que opera em nós.
>
> Efésios 3.20

A Bíblia diz que Deus usa o "poder que opera em nós". Ele não usa apenas o que está dentro de nós, mas "o poder que opera" em nosso interior. Suponha que o seu poder interior esteja adormecido e sem uso porque você não reconhece os seus próprios recursos? E se a sua autoestima estiver tão baixa que você não tem consciência de nenhum dos seus dons e não os aplica? O que Deus teria então para trabalhar? Como ele pode ajudá-la se você não se ajuda?

Essa a razão de reservarmos tempo para o rejuvenescimento espiritual. É essencial que você utilize o máximo da sua capacidade. Sua bateria precisa de uma carga completa para que possa ser produtiva e criativa. O que quer que faça, não permita que ninguém, nem nada roube a sua fé em você mesma.

É preciso também que tenha fé em Deus. Por que isso é importante? Porque só por meio de Deus vai descobrir grandeza. Muitas mulheres do mundo têm vontade forte e autoestima elevada; elas acreditam na própria força e capacidade interior. No entanto, encontram às vezes um desafio para o qual não se acham preparadas.

Há coisas que ultrapassam o alcance do poder ou da força humana. Alguns obstáculos irão confrontá-la e exigir mais do que uma atitude positiva. Esses desafios requerem uma fé resoluta, inabalável em Deus. Quando você encontra um desafio para o qual não está preparada para vencer, tem basicamente duas escolhas. Primeira, pode recuar para a segurança das situações que pode controlar. Esta é a única opção para a mulher não cristã, pois não tem outro lugar aonde ir. Só possui fé em si mesma, e o desafio está além da sua capacidade, portanto, precisa fugir dele.

No entanto, se você é cristã, tem uma segunda opção. Volte-se para Deus, estenda-se para ele, e confie em que faça um milagre. Ele é o Deus que pode fazer o que nós não podemos. Não nos surpreende que Paulo tenha dito: "Tudo posso naquele que me fortalece". Ele sabia que ele e Deus juntos eram uma força poderosa demais para ser derrotada.

Devo dizer-lhe agora: quando Deus a abençoa com ideias criativas, elas não são para seu gozo, mas para a sua edificação. O pensamento não a edificará se não for posto em prática. O pensamento criativo sem a ação pela fé fará que não passe de uma sonhadora. Você será apenas um centro de recursos para outros que se apropriam das suas ideias e vão para o topo da escada.

Se for mulher suficiente para criar o conceito, seja então também mulher suficiente para fabricar o produto. Se não agir em relação as suas ideias, será como a garota que chega sempre atrasada e se amargura porque outras puseram em prática o que ela pensou. Deus abençoa os seus pensamentos, mas louva o que você faz.

> Ele é como árvore plantada junto a corrente de águas, que, no devido tempo, dá o seu fruto, e cuja folhagem não murcha; e tudo quanto ele faz será bem-sucedido.
>
> Salmo 1.3

Copie a passagem, especialmente se tem sido o tipo de mulher que se entrega a uma fé "sonhadora" e deixa de pôr em prática o que lhe foi concedido. Basta personalizar o versículo deste modo:

(Coloque Aqui O Seu Nome) Será Como Árvore Plantada Junto A Corrente De Águas; Cuja Folhagem Não Murcha; E Tudo Quanto (Coloque Aqui O Seu Nome) Faz Será Bem-Sucedido!

Copie, leia, creia e faça!

Como cristã, o que fará então para ativar o poder de Deus a fim de que ele a ajude a realizar as coisas que não pode fazer sozinha?

Primeiro Passo: Compreenda que a força do dinheiro não deve ser o seu primeiro objetivo.

Segundo Passo: Compreenda que Deus não se moverá quando não existir fé nele.

Terceiro Passo: Compreenda que Deus usará algo que você já tem em seu íntimo.

Quarto Passo: Examine-se e reconheça os dons que recebeu de Deus.

Quinto Passo: Use os dons que ele lhe deu, mas lembre-se de que Deus dá também as ideias. Ele não assina cheques, nem faz dinheiro cair do céu. Dá pensamentos e o dom da criatividade; o que você faz com eles é o seu dom para ele.

Sexto Passo: Ponha em prática esses dons, caso contrário eles não agirão a seu favor. Não basta reconhecer os seus dons. Você deve pô-los em prática para realizar seus sonhos e atingir seus alvos. Faça! Faça! Faça!

SERVINDO AO SENHOR E GANHANDO DINHEIRO   197

Sétimo Passo: Dê glória a Deus quando atingir os seus alvos. Todavia, não reclame o crédito para você mesma. Sempre reconheça que o mérito é dele.

> Certa mulher, das mulheres dos discípulos dos profetas, clamou a Eliseu, dizendo: Meu marido, teu servo, morreu; e tu sabes que ele temia ao SENHOR. É chegado o credor para levar os meus dois filhos para lhe serem escravos. Eliseu lhe perguntou: Que te hei de fazer? Dize-me que é o que tens em casa. Ela respondeu: Tua serva não tem nada em casa, senão uma botija de azeite. Então disse ele: Vai, pede emprestadas vasilhas a todos os teus vizinhos; vasilhas vazias, não poucas. Então, entra, e fecha a porta sobre ti e sobre teus filhos, e deita o teu azeite em todas aquelas vasilhas, põe à parte a que estiver cheia. Partiu, pois, dele e fechou a porta sobre si e sobre seus filhos, estes lhe chegavam as vasilhas, e ela as enchia. Cheias as vasilhas, disse ela a um dos filhos: Chega-me, aqui, mais uma vasilha. Mas ele respondeu: Não há mais vasilha nenhuma. E o azeite parou. Então, foi ela e fez saber ao homem de Deus; ele disse: Vai, vende o azeite e paga a tua dívida; e, tu e teus filhos, vivei do resto.
>
> 2Reis 4.1-7

Todos os pontos discutidos neste capítulo se encontram na história dessa mulher. Ela era tão pobre que ia ter de entregar os filhos como escravos. Estava esmagada e aflita por causa das dívidas a serem pagas. A seu ver, a ausência de um homem provocara o seu dilema. Todavia, está prestes a descobrir o poder de Deus. Ela reconhece em primeiro lugar que é esposa de um profeta e ficamos então sabendo que era uma mulher que buscava a Deus e só a ele.

Mesmo buscando ao Senhor, ela não tem certeza de como usar a sua fé para mudar sua situação financeira. Quando o profeta lhe ordena tomar vasilhas emprestadas, ela prova que tem fé; age de acordo com as ordens dele. Já imaginou? A mulher estava endividada ao máximo e Eliseu manda que peça vasilhas emprestadas. Parte da sua fé se baseava no fato de que a essa altura não tinha mais nada a perder. Ela já mostrara que sozinha não tinha forças para conseguir sustentar a família. Precisa da ajuda divina.

Note agora que o homem de Deus lhe mostrou como usar coisas que já possuía. Este é o valor do bom ministério: mostrar como ativar o que você tem em seu íntimo. Eliseu pergunta: "O que é que tens em casa?". Essa é uma pergunta significativa, que todos deveríamos nos fazer.

Você deve sempre saber o que tem. Não basta saber o que outros têm, pois não será libertada com isso. Você só será capacitada mediante o que tem. Como essa mulher da Bíblia, você possui recursos que Deus pode usar para abençoá-la economicamente. Ele irá capacitar aqueles em quem confia. Não importa o que recebeu, lembre-se sempre dele.

O Senhor continuará a guiá-la e capacitá-la com criatividade cada vez maior. Espero que esteja motivada para usar seus recursos dados por Deus e tornar-se uma mulher de ação. À medida que ele lhe der criatividade e você perceber que está abrindo porta após porta em seu benefício, não se esqueça de lhe dar honra. Como fazer isso? Basta responder a quem perguntar que a sua arma secreta é o seu relacionamento com o seu Senhor. Isto é tudo o que ele quer de você.

É simples, mas muitos deixam de lembrar. Por favor, não esqueça. A sua próxima decisão financeira depende da sua habilidade de louvá-lo pela anterior. Não tema o futuro. O futuro não pode machucá-la. Está pronta para o seu próximo pensamento, dom, ou sua próxima instrução? Deve recebê-los assim:

> Reconhece-o em todos os teus caminhos, e ele endireitará as tuas veredas. Não sejas sábio aos teus próprios olhos; teme ao Senhor e aparta-te do mal; será isto saúde para o teu corpo e refrigério para os teus ossos. Honra ao Senhor com os teus bens e com as primícias de toda a tua renda; e se encherão fartamente os teus celeiros, e transbordarão de vinho os teus lagares.
>
> Provérbios 3.6-10

Deito-me agora para dormir

Toda mulher que anda com Deus anda em meio a tempestades, ventos e chuva. Sua vida é cheia de desafios e vitórias. Ela é como o óleo da unção preparado pelo farmacêutico. É uma mistura cuidadosa dos muitos temperos da vida. Sua personalidade é uma fusão de tantas coisas diferentes que mesmo quem a conhece há anos tem dificuldade em descobrir quem ela é. Foi cuidadosamente confeccionada e lentamente fervida, mexida pacientemente pelo Senhor.

É surpreendente ver a paciência de Deus ao preparar uma mulher para o seu destino. Ele sabe quanto tempo leva. Sabe quem enviar para a vida dela. Sabe quais os eventos necessários para levá-la à maturidade nele. É enfaticamente o seu Senhor.

Não vai demorar muito para ela compreender que embora tenha muitos admiradores, amigos e família, nenhum jamais tomará o lugar do seu Senhor. Seu lugar na vida dela é o fundamento de cada sucesso que vai obter. Ele estará ali em cada momento de dor e de glória. O amor de Deus por ela impediu que a dama fosse vencida pelos estresses da vida e, no final de tudo, ninguém pode abraçá-la como ele.

Ela será próspera em seus negócios, bem-sucedida em seus relacionamentos e ficará satisfeita com a sua personalidade, mas tudo por causa dele. É o conhecimento dele que lhe dá a graça para suportar mudanças, ficar firme apesar das oposições, e saber que quando o dia termina, é ele que a vigia durante a noite, e o seu beijo a desperta pela manhã. Ele é o seu Senhor.

É realmente um privilégio conhecer e amar, abraçar e tocar uma dama de excelência. É uma honra ter nascido do seu corpo. Um privilégio distinto tomar-lhe a mão no casamento, sentir seu corpo quente enrolado em cobertores no meio da noite. É delicioso ouvir o som alegre do riso saído da boca de uma mulher cujo coração está cheio de amor e paz. Nós a observamos como admiradores num museu. Nós a apreciamos como conhecedores da cozinha fina. Mas, mesmo assim, há uma parte da sua vida que ninguém pode tocar senão o seu Senhor.

Não somos competidores, porque ele é o homem

> Porque o teu Criador é o teu marido; o SENHOR dos Exércitos é o seu nome, e o Santo de Israel é o teu Redentor; ele é chamado o Deus de toda a terra.
>
> Isaías 54.5

Ninguém se lhe compara. Ele sabe como estar com você e confortá-la como ser humano algum jamais o fará. Não estou dizendo com isso que não há lugar para nós homens em sua vida, mas para admitir que o lugar dele nunca poderá ser nosso. Se é que aprendi algo, é a importância de conhecer as nossas limitações.

Ninguém pode determinar as suas áreas positivas sem conhecer as negativas. A compreensão de que toda carne falhará e todos os seres humanos nos decepcionarão é que faz com que todos nós necessitemos de Deus. Teremos paixão. Teremos sofrimento. Teremos sol e momentos de chuva.

Entender isto é que nos dá flexibilidade para aceitar as muitas estações que sobrevêm a nossa vida. Aprendi a conhecer o meu lugar.

O lugar do homem na vida da esposa é andar ao lado dela e ser seu amigo. Ouvir, rir e gozar os muitos estágios e idades que atravessarão juntos. Compreender que vamos andar por uma estrada sinuosa, por meio de terreno áspero, lutando e tropeçando, mas seguindo em frente, é que nos faz entender que a nossa única bússola é o Senhor.

Se o homem se esforçar para compreender as suas limitações na vida da companheira, amará a sua dama e depois permitirá que ela encontre a suprema satisfação nos braços do Senhor. O homem não pode ter ciúmes de Deus. Há coisas que Deus pode fazer e o homem não. Se um homem amar uma mulher, ele irá ajudá-la a encontrar o Senhor. Deus é o manancial da suprema satisfação, do qual somos simplesmente uma sombra. Ele é o médico supremo que cura as cicatrizes infligidas pela vida.

São as palavras do Senhor sussurradas e cheias de sabedoria que fazem com que a mulher repouse à noite. É a segurança da sua presença que alivia os muitos sofrimentos que a vida lhe traz. Nunca tenha ciúmes. Nunca tente competir, pois o senhor dela é o seu Senhor. Quanto mais ela se aproxima dele tanto mais completa é com você.

Aprendi a deitar-me para dormir e a orar para que o Senhor guarde as muitas coisas que estão além da minha compreensão. Só preciso olhar para ele e seu sorriso para saber que não importam os desafios que eu tenha de enfrentar, só ele dá a graça de que necessito para perseverar, para prosseguir e ter sucesso. A arte de ser o amante de uma mulher virtuosa é compreender perfeitamente que ele não pode ser o seu Senhor.

Se eu morrer antes de acordar

Nunca sabemos o que o próximo segundo vai nos trazer. Cada vez que ouvimos uma batida na porta, corremos para respondê-la com certa insegurança. Não sabemos quem está do outro lado. Quando nos sentamos calmamente em nossa casa e essa calma é interrompida pelo som ruidoso do telefone, respondemos sem saber como o chamado poderá mudar a nossa vida. Encontramos estranhos sem ter ideia de como cada encontro afetará o nosso destino. A vida é, portanto, bem incerta.

Foi uma dessas incertezas que levou a mim e minha esposa a uma nova experiência. Não gostamos dela, mas tivemos de suportá-la. Ambos nos dobramos ao seu peso e lutamos para compreendê--la. Ficamos, porém, gratos por conhecermos o Senhor por meio dessa experiência. Gostaria de falar mais sobre esse desafio. Faço isso para que você possa compreender melhor como é importante ter uma força estabilizadora em meio aos ventos instáveis da vida.

Devo contar-lhe que muitas vezes no correr dos anos sobrevivemos a momentos penosos porque podíamos ver o que outros não podiam. Não somos perfeitos, nem somos mártires de uma causa, apenas pessoas cansadas, aos tropeções por uma estrada cheia de curvas, agarrando-nos a promessas, tateando na direção da verdade; mas, por termos sido ajudados por Deus, pudemos continuar.

Mencionei antes a morte da mãe de minha esposa. Essa foi para mim uma das experiências mais trágicas da minha vida adulta. Considerei-a uma tragédia porque compreendi que mulher maravilhosa fora levada para longe de nós e também porque com a sua morte um pedaço de minha mulher se foi. Vi isso nos seus olhos. Seu olhar brilhante parecia agora vazio. Quem pode descrever o aguilhão doloroso da morte? Seu veneno invadira a nossa vida, alterando o momento, e fomos deixados para recuperar o ritmo que antes parecera tão fácil de manter.

Posso sentir ainda o estranho cheiro de desinfetante que invadiu nossas narinas, enquanto esperávamos na sala de espera da unidade intensiva. Ela se tornara nosso hotel da agonia enquanto aguardávamos cada novo relatório, cada prognóstico dos médicos. O ruído constante do respirador nos acompanhava durante as horas de visita. Na sala de espera a televisão barulhenta, a que ninguém parecia assistir, era uma companhia para nós.

Ficamos ali sentados, entorpecidos, olhando para o espaço, enquanto uma porção de entrevistadores fazia viagens cada vez mais profundas no abismo da corrupção e libertinagem. Não nos importava quem havia enganado o namorado dela com uma melhor amiga. Não necessitávamos do lixo de valores que alguns chamam de entretenimento.

Estávamos vivendo um drama acima do nosso orçamento, com pouca ajuda, que parecia mais uma história de horror do que qualquer outra coisa. Ficamos então esperando para ver como o filme terminaria, temendo o pior, mas esperando o melhor. Sentados ali, tentávamos desviar os pensamentos da pesada nuvem de preocupação que nos envolvia. Apesar das nossas orações e treinamento espiritual, cada um, porém, sabia que aquele era um inimigo colossal. Tentamos não pensar no que aconteceria se o Senhor decidisse tirar a vida de alguém tão precioso para nós.

Sempre me orgulhei de ser forte numa crise. Sempre senti que era minha tarefa facilitar as coisas e consolar minha esposa e nossa família. Afinal de contas, eu era o homem, aquele que prometera não faltar em toda e qualquer situação. Mas o que você faz quando sua presença parece não ajudar? O que pode dizer quando as palavras parecem ocas e as afirmações ridículas? Vou dizer-lhe o que fazer: você fica ali sentado e começa a compreender a vasta diferença entre o papel que desempenha como amante dela e as limitações implicadas nas verdadeiras crises.

No leito de hospital, minha sogra parecia fitar-me com olhos inquisidores. Era o olhar que sempre me dava quando tinha alguma preocupação e queria meu conselho. Eu a servia como pastor e como filho. Ela sempre me respeitou. Pensava que eu podia resolver tudo, mas isto era um pouco demais para o garotão.

Eu odiava o sentimento de impotência que perturbava meu estômago. Mal sabia eu que meu sofrimento foi uma vantagem para você, que por meio da minha crise um ministério seria completado. Eu estava na escola e não sabia. Veja bem, esta é a vida. Uma escola enorme, interminável que retém o seu diploma até que a aula acabe.

Mamãe, como eu sempre a chamava — em parte para distingui-la de minha mãe que, embora seja crescido, ainda chamo de mama — parecia mais forte. Ela tivera um dia esplêndido e todos recebemos uma dose de otimismo. Ela sorriu naquele dia e respondeu às brincadeiras com sorrisos e risadas silenciosas. Embora não pudesse falar por causa dos hediondos tubos que bombeavam oxigênio, auxiliando seus pulmões enfraquecidos, ficou evidente que estava feliz por se ver rodeada pela família. Saí do hospital esperançoso.

No dia seguinte, porém, mamãe piorou e depois de algumas horas ficou inconsciente. Minha mulher envelheceu diante de mim como um ator de um filme num papel que é jovem demais para representar. Mais tarde naquele dia, eu soube, quando ela virou o corredor e entrou na sala de espera, que aquele era um momento negro em nossa vida. Ela me pediu para entrar e despedir-me, pois a mãe estava indo embora.

Não demorou para que a mãe de minha mulher visse um lugar para além do que meus olhos humanos podiam enxergar e passasse por uma cortina para outro lugar sobre o qual preguei muitas vezes mas nunca vi. Ela partiu e fomos deixados sozinhos com o seu corpo num quarto que subitamente pareceu mais silencioso do que uma cripta. Partira como os vapores sobem para o ar. Passara pelo quarto como o vento passa pelas árvores. Desaparecera de toda parte menos da nossa mente.

Nada restara dela senão memórias fugidias e quadros raros de momentos que se tornaram repentinamente mais valiosos porque todos sabíamos que não se repetiriam.

Eu vira minha mulher adormecer em salas de espera, andar pelos corredores do hospital e tentar suprir todas as necessidades da mãe. Lembro-me de quando se apoiou em meu peito, sussurrando: "Minha mãe foi embora". Posso ouvir ainda seu choro triste. Sua voz embargada ecoará em meus ouvidos pelo resto da vida. Nunca sentira o desespero que senti naquele dia. Nunca me senti tão incompetente e inepto como naquele momento fugaz.

Procurei aflito na mente algo que pudesse aliviar o sofrimento dela, enquanto lutava desesperado para afogar o meu. Pensei que como homem esperava-se que resolvesse todos os problemas que surgissem na família, mas nunca me senti tão limitado e insuficiente. Olhei para o telefone, tentando pensar em alguém que pudesse chamar, mas não havia ninguém com condições de resolver a situação. Nenhum contato humano iria erradicar o trauma daquele momento.

É em ocasiões assim que compreendemos que nem amigos, ações, nem lucros de capital podem resolver problemas da vida real. Nenhum cartão de crédito poderia apagar a dívida e o *déficit* que ficara no quarto subitamente tão silencioso. Nenhuma palavra de grande sabedoria saiu de meus lábios naquele dia.

Nenhuma capacidade ou habilidade oratória faria desaparecer a dor no rosto de minha esposa e, de repente, reconheci a necessidade desesperada que cada um de nós tinha do Senhor. Esteja certa, nunca descobriremos a grandiosidade do Senhor até que olhemos de frente nossa fraqueza e concluamos que tem de haver alguém maior do que nós.

Peguei minha mulher nos braços como se ela fosse uma criança. Cuidei de todos os arranjos para o funeral e respondi a todos os cartões de condolências que nos inundaram de todas as partes do país. Tentei assegurar a minha esposa que tinha tudo sob controle. Coloquei todas as minhas energias nos preparativos do enterro, enquanto todo tempo desejava ter feito alguma coisa para evitá-lo em vez de prepará-lo.

Minha mulher parecia arrasada. Conversar com ela ficou difícil. Nem sequer ouvia. Sua dor era tão forte que me fazia sofrer. Eu a vira dar à luz filhos, submeter-se a cirurgia, suportar problemas emocionais, sobreviver a crises financeiras e vencer todas as outras dificuldades, mas nunca a vira tão abatida como ficou nas semanas e meses que se seguiram.

Necessitado do Senhor

Preciso contar como lutei nas semanas seguintes para aliviar o sofrimento dela. Pensei tolamente que se fosse ardente e sensível, compassivo e disponível, poderia de alguma forma distraí-la da ausência da mãe. Tentei suprir cada detalhe, para que tivesse tudo de que precisava. Estava decidido a dar-lhe tanto marido e amor que não pensaria sequer que uma parte de sua vida desaparecera.

Compreendi finalmente como minha atitude era insensata, mas não antes de tê-la levado a outras partes do país. Tentei fazer com que se alegrasse em praias arenosas, cantando canções, escrevendo poesia, comprando presentes, tudo numa necessidade louca de encher o vazio dolorido que via por trás dos olhos dela.

Embora ela sorrisse e tentasse conversar comigo, eu notava suas idas frequentes à janela no meio da noite. Notava como ficava olhando para a escuridão. Sabia que não conseguiria ver nada através da vidraça, mas continuava olhando para algo. Enxergava alguma coisa que eu não conseguia ver. Lembrava de pensamentos que eu não podia lembrar.

Ela olhava pela janela de nosso quarto para a sua infância e via bolos e aniversários que eu nunca tinha comido. Triciclos em que nunca andei. E coelhinhos de Páscoa que não foram feitos para mim.

O sofrimento dela era pessoal demais para ser compartilhado. De repente compreendi que apesar de amá-la profundamente, só podia recuar e vigiá-la. Há coisas que você vai ter de enfrentar sozinha. Sem espectadores, e as multidões são proibidas. Nem os maridos podem ajudar. É nessas ocasiões que você precisa de um relacionamento com o Senhor.

Fiquei deitado ao lado dela, envolvia-a com meus braços fortes, beijei levemente o seu ombro e tentei torná-la segura, esperando que adormecesse. Mas percebi que meus braços não eram suficientemente grandes nem fortes para alcançar aquela parte dela que precisava ser carregada. Comprei rosas e toquei para ela.

Levei-a para jantar fora. Tentei brincadeiras e intimidade. Falhei miseravelmente.

Compreendo hoje que há certos sofrimentos dos quais a pessoa não quer ser resgatada. Ela queria lembrar, rir e chorar. Aquela era sua homenagem ao legado da mãe. Ela confirmava a absoluta importância da mãe e sua desesperada tentativa de continuar ligada a ela.

Levei semanas para perceber que nada que dissesse, cantasse, escrevesse ou fizesse iria entorpecer a dor que ela sentia. Nem eu, nem os filhos, nem os nossos muitos amigos poderiam substituir o que perdera. Foi então que aprendi a ter o maior respeito pela tristeza. Compreendi que o sofrimento é um processo que não pode ser abortado.

Naquelas semanas e naqueles meses que se seguiram, comecei a ter uma ideia da razão por que Deus criou o tempo. O tempo é um grande remédio. É lento, mas eficaz. E ninguém pode apressá-lo. Devemos deixar que caminhe em seu próprio ritmo. Embora estejamos todos juntos neste planeta, quando se apresenta uma verdadeira crise, somos deixados tragicamente sozinhos, sem nada senão o tempo e Deus para curar-nos.

Ele me acordou esta manhã

Durante aquela época penosa, descobri a diferença entre o amante e o Senhor. Veja bem, é preciso uma verdadeira crise para reconhecermos que mesmo os mais ágeis dentre nós irão tropeçar e se atrapalhar por meio dos ritmos da vida. A vida muda seus ritmos de tempos em tempos. Nunca sabemos qual o ritmo que vai seguir.

Sempre gostei de dançar com minha parceira; mas, ter de ajustar-me às mudanças da vida era outra coisa muito diferente. Senti que tropeçava e esforcei-me para manter o equilíbrio. A música prosseguia apressada, e ela desfalecia de dor. Pensei que podia ajudá-la, mas tinha os pés pregados no chão.

Ela precisava de mim e tentei sacudir magicamente a mão, mas não havia mágica em meus dedos — não para isto, não para hoje. O que você faz quando não há mágica em seu toque e você precisa de mágica para levantar sua dama do chão? O homem sábio clama ao Senhor.

Lembro-me de quando a presença do Senhor começou a se manifestar em nossa tragédia. Ele veio como o Fred Astaire da cura. Entrou como um dançarino melhor que bate em seu ombro numa festa e diz: "Dá licença?". Com notável habilidade, graça, e interesse amável, ele começou a dar passos longos e gentis que aliviaram a aflição dela e libertaram o sorriso que estivera trancado no cofre da sua trágica perda. Apertou a mão nas costas dela e removeu a tensão de um modo que eu nunca poderia fazer.

Afinal de contas, quem mais senão o Senhor poderia tocar os tendões dilacerados do seu coração e curar os ligamentos distendidos da sua alma? Aos poucos, notei um lampejo voltar aos seus olhos e mudanças sutis, tais como o entoar ocasional de uma canção ou a volta do seu senso de humor. Cada um desses sintomas só podia ser atribuído ao Deus que restaura a alma.

Não é de admirar que ele restaure a alma, pois é o amante da alma. Pode consertar o passado, o presente e o futuro. É o terapeuta que alivia o trauma, não importa qual seja a sua origem. Você talvez tenha passado por um momento arrasador.

É possível que ninguém tenha tido condições de curar o dano e revitalizar o que restou. O seu sofrimento pode ter sido a perda de um dos pais. Algumas de vocês perderam filhos. Outras sepultaram os filhos ou filhas que morreram precocemente por causa da aids ou de alguma outra moléstia fatal. Com tristeza, algumas viram os caixões de seus filhos descerem ao túmulo por causa de um acidente insano causado por um motorista embriagado ou uma bala perdida.

Algumas de vocês estão sofrendo por causa de um relacionamento. Não sabe sequer por que ele morreu e é forçada a aceitar algo que não consegue explicar. Você recapitulou os acontecimentos, como um júri revê a evidência. Aceite que a sua deliberação está sendo feita depois do fato e não vai mudar nada. A oportunidade de modificar o veredicto já passou. Você foi testemunha ocular da morte do seu relacionamento e com ele acabou também a sua amizade.

Houve momentos de raiva que chegaram a quase ódio e depois vieram as noites de solidão e o sentimento enlouquecido de desejo e anseio por um amante que supõe seu inimigo. O relacionamento definhou como alguém doente. Perdeu a vibração, depois o entusiasmo, até que um dia você voltou para casa e descobriu que perdera o seu parceiro.

Algumas de vocês enfrentaram o adultério: o sabotador da confiança e o executor da união. Algumas de vocês entraram num quarto e viram um incidente tão chocante que não conseguiram mais esquecer. Uma coisa é ter suspeitas e outra muito diferente ter uma lembrança com a qual lutar pelo resto da vida. Se sonha com ela acorda em lágrimas. A cena se repete diante de seus olhos como um velho filme a que já assistiu muitas vezes. Sei que algumas estão sofrendo por causa desses relacionamentos que desmoronaram de repente.

É possível que tenha sido perseguida por algumas dessas coisas ou por outra crise qualquer. Sabe como foi desejar que alguém a resgatasse da dor? Quero poupar-lhe tempo precioso, minha irmã. Só o Senhor pode curar o sofrimento intenso. Não importa se ele surgiu de um estupro brutal mantido em segredo, uma promessa não cumprida, ou alguma outra perturbação que abalou a sua vida.

Deus é o príncipe da paz e intervém nas piores situações, cavalgando nas asas da esperança. Sua mão divina sobre você dá significado aos acontecimentos trágicos que pareciam sem sentido. Ele sabe como acalmar a sua dor e produzir bênção em meio aos problemas.

> Estou quebrantado pela ferida da filha do meu povo; estou de luto; o espanto se apoderou de mim. Acaso, não há bálsamo em

Gileade? Ou não há lá médico? Por que, pois, não se realizou a cura da filha do meu povo?

Jeremias 8.21-22.

Contei o meu fracasso em ajudar minha mulher na perda da mãe dela para que você possa ser bem-sucedida mediante a minha experiência. Ela representa o fracasso masculino em corresponder a uma expectativa estabelecida por nós ou nossas damas, a qual é elevada demais ou irreal. Não conseguimos responder muitas vezes a essa expectativa e escondemos a culpa com uma atitude irada.

As mulheres se aborrecem por não estarmos correspondendo ao que esperam de nós. A verdade, porém, é que a dama está procurando o Senhor em seu amado e não vai encontrá-lo. Se ele não é Deus e não pode apagar as tragédias da sua hora mais sombria, você aceitaria um homem que só sabe segurar a sua mão durante a noite?

Não há meios de mascarar a verdade. Os homens não são Deus. Não podem restaurar o que a vida roubou. Minhas palavras de simpatia cuidadosamente preparadas pareciam ocas comparadas com a presença misericordiosa de Deus. Ele foi o bálsamo curativo que começou a restaurar a alma de minha esposa. Sua unção foi o sedativo que entorpeceu o sofrimento e deu a sua alma a oportunidade de curar-se.

Fiquei feliz com a intervenção do Senhor, e humilhado ao reconhecer o abismo que existe entre o que o homem e o que o Senhor pode fazer. Estremeço ao pensar no que possam fazer as mulheres que enfrentam o trauma sem ele. Têm de buscar a cura em si mesmas? A dama tem poder para isso? A resposta é um não categórico.

É possível que a sua autoconfiança se tenha tornado tão grande que não mais confia em Deus. Sua tentativa de evitar o desapontamento da rejeição criou a autoidolatria. Em resumo, você depende de você mesma em tudo. Tornou-se o seu próprio amante e o seu próprio Senhor. Mas você não é melhor do que os homens nesse terreno.

Deixe que o Senhor seja Deus em sua vida. Se ele pôde restaurar a alma combalida de minha esposa, poderá restaurar também a sua. Você deve, porém, buscar o Senhor. Não queira brincar de Deus. Sei que talvez seja independente. É necessário, no entanto, que permita que ele a ajude a vencer a noite. Só ele tem poder para curá-la. Não vai conseguir isso sozinha.

É verdade, só Deus pode realmente curar. Algumas mulheres, no entanto, procuram relacionamentos na esperança de que alguém, em algum lugar, irá deter os sofrimentos da vida. Elas se tornam prostitutas. Fazem qualquer coisa por amor ou atenção. Seu passado se torna o seu cafetão; faz exigências e elas obedecem. Ficam encurraladas no cárcere do desespero e da degradação. Vendem-se a si mesmas. Não é por dinheiro que se envolvem com homens indesejáveis, mas para se sentirem especiais por alguns minutos a fim de contrabalançar os meses infindáveis em que não se acharam "grande coisa"!

Essas mulheres vão passando de homem em homem como velhas senhoras que procuram os artigos em liquidação nas bancas das lojas. Estão em busca de um pedaço de amor ou de uma xícara de afeição nos relacionamentos e casos sem significado. Essas mulheres não são como aquelas que acham que podem resolver tudo sozinhas. Elas sabem que não são capazes. Foram, porém, convencidas de que em alguma parte existe um homem montado num cavalo branco que irá finalmente aparecer e despertá-las do pesadelo que é a sua vida.

Desde as histórias de fadas até os comerciais que anunciam o telefone de médiuns, perpetuamos o mito que afirma haver lá fora um "sr. Certo" que tornará maravilhosa a sua vida. Aconselhei muitas mulheres que pensam que tudo de que precisam é uma companhia. Como é tolo imaginar que alguém virá num cavalo branco sem que haja uma necessidade pessoal da parte dele.

Os homens de hoje quase sempre estão procurando alguém para responder ao seu apelo. Todos estão buscando um salvador, mas procuram no lugar errado e os casamentos se desfazem. Você pensa mesmo que surgirá um homem em busca do peso que a sua cura colocará sobre ele? Mesmo que estivesse disposto a isso (e a maioria não está), será que tem condições? Claro que não. A vida não é assim tão simples.

O amor eros não é um substituto para o amor divino. O amor humano é excessivamente valorizado em nossa sociedade. Ele vem sendo usado para tudo, desde a cura da depressão até uma estratégia para vender creme dental. Somos bombardeados com comerciais de televisão que dão a entender que se você usar um determinado spray de hortelã para o hálito, os homens vão persegui-la na rua e satisfazer-lhe todas as necessidades. O homem não pode satisfazer todas as suas necessidades, assim como o spray de hortelã não vai fazer com que ele a persiga; mas, de maneira sutil, acabamos aceitando essa ideia de amor fast-food, comercializado.

O amor, entretanto, não é uma aspirina que você toma à noite e a faz levantar-se renovada pela manhã. O amor não é a cura. Muitas vezes é a causa da dor. O amor dói, pois nunca somos feridos por aqueles com quem não nos importamos. Nenhum investimento garante que não existe um potencial de perda. Devemos evitar, então, o amor? Absolutamente não. Precisamos colocá-lo na perspectiva certa. Inúmeros relacionamentos seriam curados, evitando terríveis decepções, se os dois parceiros deixassem de esperar que o outro seja um antibiótico contra as infecções da vida.

Posso imaginar que a esta altura você esteja começando a dizer: "Ó, pare de falar sobre o que não funciona e me ensine o que funciona". Vou repetir. Só Deus pode curar o que você tem tentado medicar. É possível medicar a dor e camuflar os sintomas, mas eles voltarão. A cura real e completa só vem daquele que fez o coração que se partiu. Ele pode curar o seu coração esfacelado.

A noite vem antes da luz

Muitas mulheres ficam zangadas durante anos com alguém, por não as terem curado numa hora de necessidade. Ficam tolamente amargas, dizendo: "Você não me apoiou. Não esteve a meu lado!".

Pode ser verdade que você não conseguiu o apoio a que tinha o direito de esperar, mas mesmo que recebesse o que julgava necessitar, isso não seria suficiente para fechar a ferida! É provável que Deus deixasse de lado os assistentes e levasse o cirurgião-chefe para curá-la. Aceite isso como uma bênção e prossiga.

Quero falar agora a favor dos homens do mundo. Podemos ser seus amantes, mas não o seu Senhor. Não seria realista afirmar que possuímos esse poder. Precisamos do auxílio dele, nós também temos de ser curados. Por mais que desejemos ser os seus heróis, não podemos ser o seu salvador. A maioria de nós vive para impressioná-las e, algumas vezes, temos tal ânsia de causar boa impressão que prometemos o que não podemos cumprir.

Nossas irmãs às vezes promovem o mito do poder masculino, sugerindo que têm tudo na companhia deles. São tão fiéis ao mito dos relacionamentos perfeitos que não anunciam o fato de que existem áreas que ninguém toca em cada um de nós. Mas essas áreas têm de ser tocadas, e essa necessidade faz com que você volte para Deus.

Os homens também estão voltando para Deus. Nunca na história dos Estados Unidos vimos milhares de homens reunindo-se em Washington para buscar espiritualidade e renovação. Ri quando alguns da imprensa se esforçaram para atribuir alguma agenda oculta à reunião de homens que queriam apenas orar. Foi difícil escrever a respeito, por não haver nenhuma necessidade tangível para reunir esses indivíduos.

Os homens necessitam desesperadamente descobrir a Deus, porque a vida nos mostrou que não somos a Senhor. Não só temos de entregar-lhe os nossos sofrimentos e problemas não resolvidos, como há ocasiões em que precisamos nos aninhar nos braços do Pai e permitir que ele nos cure.

Vocês, mulheres, não podem suportar a responsabilidade de curar-nos, assim como nós não somos capazes de curá-las. Podemos ser os enfermeiros ou assistentes uns dos outros, mas não temos capacidade para realizar a cirurgia. Na melhor das hipóteses, todos somos ajudantes. Não passamos de aprendizes, a verdadeira perícia está no Mestre.

Valsa da meia-noite

Quando minha mulher mais precisava do Senhor, quando eu mais precisava dele, ele tomou a controle da dança. Pensa que estava cansado de me ver tropeçar nos pés dela e atrapalhar a sua recuperação. Eu precisava da ajuda dele. Era demais para mim sozinho. Os homens raramente admitem isso, mas deveríamos. É uma experiência libertadora admitir que não somos e não podemos ser tudo.

É o Senhor que enche os vazios deixados por nós. Ele a fez valsar de um modo que eu nunca faria. Seu ritmo é coerente e perfeito e ele desliza pela pista de dança sem medo. A mulher virtuosa dança com Deus tão facilmente que muitos homens ficam intimidados com o relacionamento dele com ele. Alguns ficam, porém, aliviados demais para sentir medo. Só queremos que a dama fique curada.

Digo-lhes então, irmãs, que acompanhem o ritmo curativo de Deus e respondam de boa vontade enquanto ele as faz deslizar pelas tragédias, transformando-as em vitórias. Permita que ele as faça valsar por entre aquilo a que outros se agarraram e as leve para o que ele preparou para vocês. A noite foi longa. Entremeada de oração e fé, e agora, sob a luz da sua Palavra, ele veio para levá-las até onde os homens não conseguem chegar. Ele as fortalecerá de um modo que não nos é possível fazer. Ele é o amante da sua alma.

Toda dama deveria tê-lo em sua vida. Ele é uma necessidade. Se falta algo em sua vida, talvez seja a presença dele. Se o deixou de lado, mais cedo ou mais tarde encontrará situações que só ele pode resolver. O Senhor está diante de você com os braços estendidos. Seus olhos brilham de apaixonado interesse. Ele conhece perfeitamente a sua necessidade. Sua voz amorosa suplica: "Quer dançar comigo?".

Avançando para amanhã

A VIDA É UMA SÉRIE DE DESAFIOS E TESTES. Ela vem totalmente equipada com prazeres e sofrimentos, sol e chuva. É uma mescla de todos os sentimentos imagináveis. Eu já estive na tempestade, e uma coisa que posso afirmar é que a tempestade passa depois de algum tempo. A tormenta passa, a chuva para, as nuvens vão embora e o dia nasce. Que bênção quando a noite foi longa e vemos que finalmente raiou a manhã.

O Senhor nos dá novos dias. Abracei minha mulher durante a noite inteira e ela me abraçou. Não somos perfeitos, somos apenas dois coxos manquejando juntos para casa. É tão bom saber que não tenho de tropeçar de volta para casa só com os meus membros torcidos e joelhos quebrados. Ela e eu decidimos caminhar juntos, com chuva ou sol, certos ou errados, fracos ou fortes. E a noite? Se chegar, chegou. Ela terá de passar e, quando passar, estaremos seguros nos braços um do outro e daquele que nos vigia no escuro.

Deus estancou as lágrimas dela, mas eu tive de enxugar seus olhos. Amanhã ela talvez tenha de enxugar os meus. Mas não importa, pelo menos a dama tem o amado e o amado tem o Senhor. Nós o temos para os momentos difíceis demais para a mente humana resolver. Estive lá como uma testemunha da noite e estou aqui para contar--lhe sobre a luz da manhã. Não há melhor maneira de acordar do que ver o sol encharcando o rosto esperançoso de alguém cuja face sombria tornou-se a tela para os raios luminosos do amanhã.

Se tiver a bênção de uma vida longa, verá muitos triunfos e enfrentará muitos desafios. Irá rir alegremente e chorar de dor. Experimentará cada sentimento conhecido do homem. Verá bons e maus tempos. Ninguém pode fugir a esses últimos. Ninguém está isento. Ninguém pode nos proteger ou esconder da dor.

Essa é a realidade que afeta as casas mais ricas, assim como as mais pobres. Em termos claros, esta é a vida. É assim que ela é. Sempre foi e sempre será. Todavia, em meio à loucura, quando enfrentamos situações que parecem sem pé nem cabeça, é útil saber que em algum lugar, além das paixões e sofrimentos, há um Deus.

> Bendito seja o Deus e Pai de nosso Senhor Jesus Cristo, o Pai de misericórdias e Deus de toda consolação! É ele que nos conforta em toda a nossa tribulação, para podermos consolar os que estiverem em qualquer angústia, com a consolação com que nós mesmos somos contemplados por Deus.
>
> 2Coríntios 1.3-4

Um dos muitos nomes do Senhor é Consolador. É difícil explicar quão excelente é essa descrição. Ele é o grande consolador. A sua presença nos faz sentir à vontade nas situações mais desconfortáveis. Ele pode remover a escura mortalha de sofrimento e libertar o coração cativo sepultado nela. Com habilidade e cuidado, Deus nos livra de problemas que julgávamos sem solução. Tem o poder de extinguir o trauma e restaurar a paz. Apanha as nossas lágrimas e guarda as nossas dores. Tem a capacidade de estar sempre a nossa disposição. Sempre que precisa dele, você o encontra.

Todos nós viveremos, amaremos e experimentaremos perdas antes que nosso tempo na terra se acabe. É a perda de coisas que nos faz apreciar o que ainda possuímos. O gosto amargo da pobreza torna a prosperidade mais doce. Como podemos comemorar o triunfo se não tivermos enfrentado a derrota?

Lemos na Palavra de Deus que há "tempo de chorar e tempo de rir; tempo de prantear e tempo de saltar de alegria" (Ec 3.4). Ela tem razão, vivemos cada dia sem saber o que iremos enfrentar momento a momento, sem saber o que nos aguarda amanhã. No entanto, é um grande consolo saber quem guarda o amanhã.

O amanhã não está nas mãos de seu supervisor, seus filhos, seu marido, nem de qualquer outra pessoa. O amanhã não pode ser manipulado por você. Eu não posso dominá-lo. O amanhã está nas mãos do Senhor. O que quer que você faça, reserve tempo para falar com ele porque precisará dele antes do amanhecer.

Ao anoitecer pode vir o choro, mas a alegria vem pela manhã.
Salmo 30.5

Ele estará lá quando os maridos, amantes, filhos, amigos, empregos e dinheiro se forem. Está lá durante a noite. Nos lugares escuros — e todos temos lugares escuros. Tome coragem, minha irmã, e compreenda que o choro pode durar uma noite, mas a alegria vem quando amanhece. A noite às vezes parece longa, mas quando termina, sempre virá a luz da manhã. Você teve uma noite difícil, revirou-se muitas vezes na cama para encontrar descanso, mas a noite quase acabou e o dia se aproxima; a manhã está chegando.

Pense nisso. Você foi derrubada no chão, mas sempre se levantou. Por mais escura que fosse a noite, o dia sempre chegou para você. Compreenda que a graça de Deus a protegeu e sustentou, manteve-a segura. Os tempos mudam, as estações mudam, mas Deus é imutável. Ele é o mesmo Deus que a fez superar o passado e lhe promete o futuro.

Saiba que vai levantar-se. A motivação para sobreviver tem origem no poço que você possui em seu íntimo. O Senhor é a fonte que enche esse poço. Você não tem de fazê-lo fluir, basta que deixe a água correr.

A oração de nossos filhos diz isso muito bem. Crianças com pijamas de flanela se ajoelham ao lado da cama, cruzam as mãos, fecham os olhos e sussurram esta simples oração: "Deito-me agora para dormir, oro ao Senhor para que guarde a minha alma". Elas dizem essas palavras com ternura, preparando-se para descansar à noite. Se apenas pudéssemos manter vivas essas palavras enquanto envelhecemos, sobreviveríamos a todos os traumas. Nessa frase simples encontra-se uma profunda verdade: há coisas que não estão sob o nosso controle.

Há estágios, épocas e lugares na vida que todos temos de enfrentar. Quando os enfrentamos, é preciso deitar-nos como crianças e repousar como ovelhas, confiando no Grande Pastor para nos vigiar noite a dentro. Ele sempre estará ali, para vê-la atravessar a noite. O que quer que aconteça, então, não tema, porque nunca está verdadeiramente sozinha.

Você é uma mulher de excelência. É forte e poderosa por suas próprias qualidades. Às vezes, se for da vontade de Deus, ele envia a uma mulher excelente um marido excelente que tem a graça para ser um amante e a unção para ser um amigo.

Em certas ocasiões, ele envia alguém para cantar as canções que o coração dela deseja ouvir. De vez em quando, envia um braço forte para rodear seu corpo frágil e dar-lhe um momento de repouso e tranquilidade.

Nenhuma dessas experiências, porém, jamais tomará o lugar da experiência suprema, pois a maior fonte de força que você conhecerá é a que vem do Senhor.

Não importa quanto sofrimento a vida lhe trouxe, não pare até que venha a manhã, porque ela sempre vem. Está no fim de cada noite. Está no fim de cada lar desfeito. Está no fim de cada divórcio trágico. Mas ela chega. Está no fim de adversidades, traições, demoras e negativas, mas quando tudo passa, amanhã vem.

Desafio-a, minha irmã, minha amante, minha esposa, minha mãe, minha amiga, a esperar pela manhã porque ela chega realmente. Não permita que as tragédias da vida a deprimam a ponto de perder a sua esperança da manhã. Não permita que as decepções e perdas amargas lhe roubem as expectativas de um novo dia.

Desperte cantando aleluias pela manhã. Aspire o ar fresco e exale o ar gasto do seu passado, dizendo a você mesma: "Posso sentir a aurora chegando". E ela virá. Encorajo-a a vencer os obstáculos com confiança sobreviver aos traumas como uma vencedora. Eu a encorajo a descobrir lenitivo mediante o sofrimento e conhecer conforto em meio às crises, porque a manhã virá.

Há alguns anos, John Newton escreveu estas palavras durante uma crise em sua vida. É um hino que revigora o coração e acende a chama da sobrevivência. Ele sempre animou a minha fé e motivou o meu espírito e sei que deve ter sido divinamente inspirado.

> Preciosa a graça de Jesus, que um dia me salvou.
> Perdido andei, sem ver a luz, mas Cristo me encontrou.
> A graça, então, meu coração do medo libertou.
> Oh, quão preciosa salvação a graça me outorgou.
> Promessas deu-me o Salvador, e nele eu posso crer.
> É meu refúgio e protetor em todo o meu viver.
> Perigos mil atravessei e a graça me valeu.
> Eu são e salvo agora irei ao santo lar do céu.
>
> John Newton, 1779 [1]

Não é isso que a manhã representa? Sair da cegueira e passar a ver. Oro para que as trevas se afastem de cada aspecto da sua vida, como nuvens empurradas no céu por um sopro de vento. O Senhor pode fazer isso para você. Ele lhe trará graça, a ajudará a enxergar e a vigiará durante a noite.

A única coisa que ele vai pedir-lhe é que reconheça que a graça dele a salvou. Não basta agradecer. É preciso ser grata. Você deve ter uma atitude de gratidão. Uma convicção sutil de profunda apreciação. Ser grata é reconhecer que a vida tem sido tempestuosa, mas que Deus tem sido fiel e, no final, ele continua digno de todo o louvor.

---

[1] Hinário para o Culto Cristão. Edição de Letras, JUERP.

Prepare-se para ouvir o som estridente da trombeta sendo soprada, tinindo em seus ouvidos para anunciar a chegada do dia. Você não pode esperar até que veja a luz para preparar-se para o dia, pois a meia-noite anuncia à alma que espera que a noite está acabando e o dia começando.

A meia-noite é o ponto critico da noite. É nessa hora que o sol inicia a sua ascensão e as trevas noturnas começam a desaparecer aos poucos na luminosidade das expectativas. Fique preparada! A noite está chegando ao fim e o dia se encontra diante de você. Está na hora de sair e encontrar o seu destino.

> Mas, à meia-noite, ouviu-se um grito: Eis o noivo! Saí ao seu encontro! Então, se levantaram todas aquelas virgens e prepararam as suas lâmpadas. E as néscias disseram às prudentes: Dai-nos do vosso azeite, porque as nossas lâmpadas estão-se apagando.
>
> Mateus 25.6-8

Fui designado para anunciar-lhe que o noivo chegou. Vá ao encontro dele. Esta não é hora de ficar deitada no leito do desespero — não importa quão longa seja a noite, nem quão escuro esteja. O que quer que tenha sofrido, já passou. O dia está nascendo e o noivo acaba de chegar. Agora, minha irmã, não seja insensata e não deixe que a vida a enfraqueça e lhe roube o seu azeite. Você precisa mais do que nunca do óleo do Espírito Santo, pois agora é a hora de preparar a sua lâmpada, dispor-se, organizar seus sonhos e sair ao encontro dele.

Algumas de vocês foram atropeladas pelos cuidados da vida, mas está na hora de entrar no quarto e dizer a seu marido: "Amor, estou de volta". Vá até ele. Sei que no sentido estrito do texto, a referência é a Cristo, mas o versículo ilustra o encontro com Cristo mediante o comentário sobre uma mulher que sai para encontrar o noivo. Seria então possível que o precioso Espírito Santo pudesse ajudar uma mulher afastada do marido a ir finalmente ao encontro dele em lugar de ficar à espera?

Os homens gostam da mulher que vai encontrá-los no meio do caminho. Mas você não pôde ir antes. Estava sofrendo muito. Se fosse, seria pela razão errada. Buscava a cura. Agora pode levar essa cura com você. Como as virgens de antigamente que saíam para encontrar o noivo a altas horas da noite, você deve estar preparada para estabelecer esse momento em sua vida como uma nova era com Cristo no leme.

Descanse nas suas promessas. Confie na sua força. Aqueça-se na sua presença e saiba que você é o vaso escolhido por ele. Encontre-se com ele. Ele está esperando para removê-la do seu passado e fazê-la entrar em seu futuro.

Você deve saber que algo ou alguém a espera do outro lado da sua prova. Seus filhos e sua família estão esperando. Dama, seu marido está esperando para ser o amante em sua vida. O Senhor não a teria guiado por intermédio dela se não tivesse algo ou alguém para esperá-la. Deus é o seu Senhor, mas ele chamou o homem para ser seu amante.

Não cometa o erro de tornar-se tão espiritualmente ligada ao Criador a ponto de impedir que aquilo que ele criou para você tenha o seu lugar de direito na sua vida. Se Deus a quisesse inteirinha para ele, não lhe daria um marido para amar. Como Eva que acordou pela manhã e viu que Deus tinha um homem aguardando por ela, o seu Adão está esperando você. Não o faça esperar demais.

A partir de hoje, ao levantar-se, olhe o dia diretamente nos olhos e diga com toda a sua força: "Este é o dia que o Senhor fez. Irei rejubilar-me e alegrar-me nele". Embora seja verdade que só o Senhor pode fazê-la atravessar a noite, devo dizer-lhe que cabe ao homem encontrar-se com você pela manhã.

Se estiver casada com um homem que a ame, compreenda que ele está esperando. Ele desistiu da dança para que Deus pudesse curar como só ele pode fazer. Mas quando a dança terminar e a noite tiver passado, Adão continua querendo vê-la. E Deus não é ciumento. Ele os criou para ficarem juntos. Ele deu-a como um presente a Adão. Você é a resposta de Deus à oração de Adão.

Dama, é uma alegria imensa ser o homem que a aguarda do outro lado do seu desafio. Só não faça Adão esperar. Agora que está acordada e a noite finalmente terminou, Adão está dizendo: "Olhe, mulher, fiquei esperando por você. Venha cá!".

Para a dama que sobrevive à noite, nós, homens, sabemos que foi Deus quem a fez atravessá-la. Mas ele a trouxe para nós. É arrebatador ser o amante que recebe o primeiro beijo da mulher acordada. Você está acordada? Faça um sinal ao seu homem. Se ele esperou até a noite terminar, não adie a sua recuperação. O Senhor diz ao amante: "Tudo está bem agora. Eu a ajudei a passar pela tempestade. Agora é a sua vez de amá-la". Adão recebe então o privilégio único de ser aquele que sopra as palavras ardentes da paixão baixinho em seu ouvido. Escute o que ele diz. Ouça o seu amor.

O quê? Você sentiu o calor, mas não pôde ouvir as palavras dele?

Sei que é difícil ouvir. Os homens quase nunca falam de amor em palavras. Falamos de amor com os olhos brilhando, com suspiros longos e sorrisos ternos. Deixe-me interpretar esse momento para que você possa ouvir o que está sendo dito. Ele olhou tão fundo em seus olhos que viu o tremor em sua alma. Tirou o cabelo de seu rosto, tocou sua nuca e murmurou baixinho em seu ouvido, dizendo apenas: "Vamos, querida, acorde. Já é de manhã!".

Compartilhe suas impressões de leitura escrevendo para:
opiniao-do-leitor@mundocristao.com.br
Acesse nosso *site*: www.mundocristao.com.br

Revisão:	Lenita Ananias do Nascimento
Diagramação:	MAG Grafics
Fonte:	Adobe Caslon Pro
Gráfica:	Imprensa da fé
Papel:	Pólen Natural 70 g/m²
	Cartão 250 g/m² (capa)